你根本就
不需要管理

让企业拥有自我成长的基因

陈学南◎著

ZHEJIANG UNIVERSITY PRESS
浙江大学出版社

目 录

Chapter 01
管理理论为啥不管用？

由于管理理论的发明者本身并没有与管理运行过程的实际操作相联系,理论家会不自觉地让某个概念承担过多责任,这就使得管理理论一直处于一种"开环"的状态。

企业管理者几乎每天都在遭遇某种形式上的误导（欺诈），在汇报会上，在做报告时，在审批单上，在财务报表中，在看不见的 IT 输入者键盘上，甚至在操作现场。对于欺诈，管理者既缺乏理论研究，也缺乏消除欺诈的管理工具。

Chapter 02
管理实践遭遇欺诈死结

像人一样，企业需要无痛而有效的变革。医学上无需大手术的疗法——基因疗法给我们带来了新的启示：改变一个有影响力的最小单元——基因，让其自我复制成长，从而改变整个机体的成长能力。

Chapter 03
基因疗法

国内的 B2B 营销 90％以上还没有意识到仅仅靠改变组织流程就能立即提高业绩的分段式管理的好处,而快消品营销也没有认识到国际大品牌的运作核心是一线标准化,其仍然在策划上打转转。

Chapter 04
销售管理的基因疗法

采购管理的核心问题就是信息不对称。由于信息不对称所导致的问题包括:决策权下放不到位,激励不到位,信息反馈不完整,对外谈判时不占有优势信息。以往设监督审批流程的办法并不能从根本上解决信息不对称的问题,反而会让问题更加复杂化。

Chapter 05
采购管理的基因疗法

前言

　　在十多年的管理咨询经历中,我一直在给企业做设计:从战略规划、人力资源规划、组织流程设计、企业文化设计,到各职能部门的战略规划,等等。通常,做这些设计的依据首先是管理咨询的一些所谓工具,其次是对标优秀企业的所谓最佳流程和架构。然而,现在我却要推翻这一切。其实,业内人士对管理咨询乃至管理理论的怀疑早已存在。

　　人们对不确定性的恐惧导致在管理方面过于追求对标杆企业的机械模仿,所以每当这些以标杆企业为参照的方案真正落地的时候,各种问题便显现出来了,其中最明显的就是企业文化问题,即管理习惯不匹配问题。这也是最难解决的问题。企业其实就是一个生态圈,不能像对待一个"物件"那样去设计。因为设计出来的蓝图没法和企业的未来一一对应,生态发展过程的多样性和未知性决定了这一点。

　　回过头来看看那些优秀的标杆企业,就会发现它们的最佳流程其实并不是设计出来的,而是随着规模的扩大,由企业自身不断优化而"长"

出来的。事实上，所有的公司都是从最一线的销售、采购开始成长的，而这一线销售、采购，以及生产、研发的模式决定了企业未来成长的管理架构。改变一家企业而不改变一线模式是不可想象的，而管理咨询恰恰"漏掉"了对业务一线的咨询，往往只把咨询做到部门以上。如果把一线那些最小业务单元比喻为基因，那么正是这些基因决定了企业能否成为一家伟大的企业。

因此，本书中提出的"企业基因疗法"不同于组织发展学教科书上描述的企业组织变革"从中高层的组织流程入手，对标行业标杆企业，讲究系统性和逻辑性"的做法，而是基于对企业一线业务的关注，采取自下而上的组织成长模式：首先对一线业务基因进行设计，然后按照组织成长原则设计上一层组织架构，并以此类推。在管理中可以被称为"科学"并且可复制的那部分只能在一线出现。当年，提出科学管理理论的泰勒，其研究目标就是一线工人。其后，管理咨询公司把管理中"科学"的概念放大，其目的便在于可以复制，形成管理咨询的最佳商业模式。其实，这种做法并不科学，因为中高层的管理会由于各家企业的文化不同而难以复制。

2001年诺贝尔经济学奖得主有关信息不对称的成果不仅颠覆了经典经济学理论，也颠覆了传统管理理论从上至下进行管控的管理思考模式。信息不对称理论是本书的重要理论基础。给本书作出理论贡献的还包括：生物进化特征、麻省理工学院的机器人研究成果以及互联网的分布式计算方式。"企业的基因疗法"就是在21世纪这些伟大的成果基础上诞生的。

笔者在进入管理咨询行业之前曾在发电站做过技师，那些被控制的电压、电流无疑都是有对应关系的，调节其中一项必然会影响另外一项，其影响程度则可以通过计算公式得出。在20世纪80年代，我们主要通过配电盘手动调节，后来开始逐渐实现了自动调节，这是因为有关系公式存在，只要把公式变成逻辑电路就可以实现自动调节。而企业管理欠缺的就是这种闭环操作系统。本书的组织设计五原则之间也是有对应关系的，可以手动调节，也可以放任其自动调节，企业本来就是一个生命体，有自己的"逻辑电路"。

本书提出的"基因疗法"就是一个可闭环操作系统，并且可以立即带来业绩提升效果的管理理论。因为它是从企业一线的改变开始的，一线业绩的改善是最站得住脚的变革理由。"基因疗法"有别于一般管理咨询的特点在于：它不是外科手术式的自上而下的组织变革，而是从一线"基因"改变开始，让企业管理架构自下而上"长"出来。

"基因疗法"可期待的疗效：

（1）导入优秀一线标杆模式，迅速提升业绩，实现真正的"无痛"变革。

（2）通过改变一线"基因"来提升企业的运作效率，让企业组织按照"五原则"自然成长，其变革成本最低，业绩突出。

（3）用组织架构五原则诊断企业组织架构情况，消除臃肿，提升组织运行效率。

本书看似松散地涉及三个方面：管理理论的问题、欺诈定律、基因疗法。实际上，其核心原理始终围绕着信息不对称和动机。

管理理论及管理咨询的问题恰恰是忽视了企业运作过程中的信息不对称问题，因为管理理论和管理咨询都不涉及操作，也就忽视了它们强调的系统论中信息反馈不对称的问题。即使一个方案向下执行了，汇报上来的信息也不够真实，这个不真实涉及两个方面的问题：一是上下级之间天然的信息不对称，沟通也必然带来信息的损失；二是下属的动机可能不纯而有意扭曲了信息。

不用说，欺诈定律的核心就是信息不对称。欺诈者通过利用或制造信息不对称来误导被欺诈方。最典型的就是金融公司通过有意制造的复杂产品——金融衍生品，来形成对自己有利的信息不对称。沃伦·巴菲特曾说："衍生品是金融业的大规模杀伤性武器。"在企业内部管理过程中，出于人的动机和部门的动机，以及天然存在的上下级信息不对称，欺诈现象比比皆是。欺诈问题严重影响了企业的管理效率，可以说是企业管理效益的主要杀手。但历来管理理论却对此避而不谈或避重就轻。

基因疗法就是基于要解决信息不对称和动机问题，其组织设计五原则中明白地包括了：决策信息、反馈信息、激励到位（动机）。

所以，本书的理论其实很简单：重视信息不对称和动机给管理带来的问题，发现其中的规律。运用组织成长原则梳理组织架构，并运用"五原则"解决各式各样的组织问题。最复杂的地方是在一线"基因"的业务特性分析上，业务特性决定了一个岗位的边界设在哪里最合适，本书的最后两章即从销售和采购的角度分析了这些"基因"的业务特性。

本书所用案例内容完全真实，但企业形象描述上刻意做了张冠李戴。这也是出于职业道德所限。即使似曾相识，也请不要对号入座。

在此，要十分感谢杭州蓝狮子文化创意有限公司的陈一宁编辑和其他帮忙审阅的编辑。这是本人的第一本书。虽然有个说法，第一本书是最有料的，但写作上的青涩仍然让我忐忑不安。如果读者们觉得还有所生涩，也是很正常的。牛初乳也好，头窝蛋也好，总有些怪味道的，但营养却在那里。

Chapter

假若在管理咨询业的评论史上存在一个共识的话，那就是，德鲁克是这个行业中的头儿——可以弥补该行业内所有江湖骗子不足的"好"大师。德鲁克说的无疑都是正确的事情，而对于大胆的颠覆，发表警示性格言等这些管理大师必备的素质，他运用得也相当娴熟。然而，或许是由于他来自等级更森严的欧洲，也可能是由于他早期在通用汽车公司总部工作的经历，德鲁克从来没有真正脱离传统管理思想那种居高临下的姿态。

马修·斯图尔德

《管理咨询的神话》

　　早在 1985 年，我从军校毕业后来到海军某部成为发电站的技师。有一天，当我路过安置着发电机的山洞的时候，突然发现发电房的钨灯特别刺眼，于是便冲进去一看究竟。待我检查了配电盘后，发现电流过高，遂赶紧手动调了回来，这才避免了发电机线圈被烧毁。

　　以往，在管理咨询中所欠缺的其实就是调整某个指标以便立即达到平衡的方法。要在管理运行上做到这一点，首先需要发现参数之间的公式（规律），其次要有调节参数的手段。

　　任何一台发电机都会在铭牌上明确规定额定数据，其中就包括额定电压和额定电流。而电压和电流之间是有换算公式的，在操作的配电盘上也有调节的相应旋钮。成熟的工程技术操作都是"闭环"的，如果提供一个参数，一定会告诉使用者如何调节使这个参数达到平衡。

　　但是直到目前为止，"管理理论"仍停留在开放式描述阶段，往往只有一段论述，如"应该采用扁平化管理"或"最好的管理是自主式管理"，但从来没有人给出过操作的具体方法以及操作的边界。

　　在咨询行业，即使有管理工具，例如波士顿矩阵、五力模型之类，大多也只停留在分类上，远没有达到像工程技术那样可以按照公式调整和操作的地步。一组柴油发电机从理论到操作都会给出方法，比如转速和力矩、电压和电流的对应关系，甚至会给出柴油的参数对运行的影响。

反观之，恰恰由于管理理论的发明者本身并没有与管理运行过程的实际操作相联系，这就使得管理理论一直处于一种"开环"的状态，而且大多数都是从上到下的管理思维方式。看起来十分正确，但用起来却让人无从下手。

说得很对，但无法操作

经济学家罗纳德·哈里·科斯（Ronald H. Coase）①发现，市场中的交易其实是要耗费大量成本的，例如，搜寻交易对象、讨价还价、订立契约、监督契约执行、维护交易秩序、解决交易纠纷以及对违约加以惩罚等。

而在一定范围内，企业内的交易则要简单得多：工人之间的固定分工节约了寻找交易对象的费用，经理对工人的指挥代替了讨价还价，工人和其他生产要素所有者与企业之间的长期合同减少了在市场中多次反复订立契约的麻烦，因而人们很自然地会选择企业作为交易形式。也可以说，企业的存在节约了交易费用。

当然，随着企业规模的扩大，企业的管理难度会增加，对工人的监督

---

① 罗纳德·哈里·科斯是新制度经济学的鼻祖，1991年诺贝尔经济学奖获得者。科斯对经济学的贡献主要体现在他的两篇代表作《企业的性质》和《社会成本问题》之中，他首次创造性地通过提出以"交易费用"来解释企业存在的原因及企业扩展的边界问题。

会愈发困难，企业官僚机构的弊端会越来越严重，企业内的交易费用会呈现非线性增长。用经济学的术语来说，就是边际交易费用在递增。当企业内（边际）交易费用增长到和（边际）市场交易费用相等时，企业规模就不再增大，这也就决定了企业的边界。

这样，科斯就完满地解释了企业存在的原因和决定企业规模的因素。他把这个发现写进了后来闻名于世的论文《企业的性质》中，并于1937年发表在英国的《经济学》杂志上。科斯的发现在社会组织和企业组织中都有反映，官僚现象在描写官场腐败的"帕金森定律"和职场不胜任状态的"彼得原理"中都有详细描述。

那么，如何才能避免组织的低效呢？对于这个问题，**传统的管理理论给出了观点，却没告诉大家应如何去平衡。**

传统管理理论所擅长的是指出问题、指出方向，甚至能够指出矛盾的双方，却没有能够告诉我们如何通过操作真正实现有效的管理。例如，《组织变革管理》（*Organizational Change Management*）①一书中认为，结构困境包括：

1. 分化与整合：即每个组织单元是要继续划分成更小的单元，还是把一些小单元整合成大单元；

2. 分工与冲突：一方面需要专业人做专业事，另一方面又要考虑各个环节之间的冲突；

3. 未充分使用与超负荷：工作量分配的合理性；

4. 岗位职责过于模糊与过于确切；

———————————

① 伊恩·帕尔默（Ian Palmaer），理查德·邓福德（Richard Dunford），吉布·埃金（Jib Akin）：《组织变革管理》，金永红、奚玉芹译，中国人民大学出版社2009年版。

5.过度自治与过度依赖；

6.过于松弛与过于紧张。

可以看到，以上 6 种困境都是互相矛盾和冲突的，但这种管理理论不可能明确地告诉你：你们公司某个架构的平衡点在哪里。即使告诉了你方向，譬如简政放权，但放权是否存在风险？权放到哪一级才是合适的呢？当权力分散时，需要有效激励，但怎样才能保持有效激励？这些问题却没有被指明。

谈权力时，没有谈风险；谈风险时，没有谈激励；谈激励时，没有涉及激励信息来源问题（往往存在主观导致的不准确问题）。这就是传统管理理论的问题，正如告诉你电压和电流，却没有告诉你它们的匹配关系究竟是什么，以及该如何调节。

了解系统论的读者都知道：**要素之间的关系比要素本身更重要。**而在管理实践中，了解如何调节它们之间的关系，比仅仅知道这些关系更重要。

与此同时，理论家会不自觉地让某个概念承担过多责任，因为理论家并不需要对实践的结果负责。把目标管理当作管理哲学的彼得·德鲁克(Peter F. Drucker)[①]认为，管理结构应该包括三个条件：

1.管理结构在组织上必须以绩效为目标；

2.组织结构必须尽可能包含最少的管理层级；

---

① 彼得·德鲁克，世界管理学界的思想大师，终身以教书、著书和咨询为业，一生共著书 39 本，在《哈佛商业评论》发表文章 30 余篇，被誉为"现代管理学之父"。他文风清晰练达，对许多问题提出了自己的精辟见解，杰克·韦尔奇、比尔·盖茨等人都深受其管理思想的影响。

3.组织结构必须能培育和检验未来的高层管理者。

但是，从今天的角度来看，对于这三个条件显然存在着质疑：

第一条犯了基本原理上的错误：任何结构只能为实现功能服务，而不是为绩效服务。当管理架构以绩效为目标时，会造成企业一旦绩效不好就调整管理架构，结果导致越调越乱。不论什么架构，只有一个作用，就是为功能服务。因为实现功能的前提是对岗位职责做了基本假设，相对稳定简单，而绩效却是因人而异的。如果因为人的问题影响了绩效，却去调整架构，那就是缘木求鱼了。在管理实践中，我们经常会发现在同一岗位，工作人员不同，绩效差异巨大，譬如一个优秀的采购员的绩效可以达到一个普通采购员的4倍，但这并不表示设置采购员这一岗位职责有任何问题，即架构本身并无问题。

第二条中"最少的管理层级"，企业实施起来也往往无所适从。怎么才能让每个部门都以绩效为导向？管理层最少能少到什么程度？曾经有个企业老板读了MBA回来，在企业实行管理层扁平化。扁平化就是德鲁克上面描述中的"尽可能包含最少的管理层级"。结果，这个老板把生产线主管的岗位撤掉了，导致自己企业产品的质量大幅下降，而他的竞争对手们则兴高采烈地迎来了一大批生产管理能手。如果德鲁克在场，或许会辩解说："我说的是'尽可能'。"而这位老板则很可能会感到愤怒："操作中不矫枉过正，怎么知道是'尽可能'了？"在实践之后，当他终于知道这点时，人才却早已经流失了。

对于第三条，企业规模扩大后，由于内部分工越来越细，不可能通过组织架构设计来承担培育管理者的职责，例如，潜在总经理很难从某个专业部门获得足够的经验。德鲁克提出的让组织架构具备培养管理人才的作用其实是一个不具操作性的"好"建议。实践中，企业的做法是通过轮岗实现管理经验的积累,而不是试图通过设置某个岗位来实现培养功能。

在德鲁克的书中,有很多这样的"好"建议,往往和"只要……就……"、"应该"等词汇挂钩,但前面那个条件句发生的概率往往很低。德鲁克提出,最好的管理是自主管理。可在实际操作中,自主管理需要很强的企业文化作支撑。除了日本之外,其他国家的企业文化都很难支持这样一种管理方式。

笔者曾经给一家位于上海的日资企业做过咨询。在来自日本的总经理看来,中国员工完全不可理喻,交代的事情如果没有督促,往往难以完成。而只要交代日本员工一件事情,他们往往能主动完成五件事情。但在来自中国的副总看来,对日本员工的管理等于没有管理,没有绩效考核,因此没有目标。结果是,这位日本老总决定放弃被德鲁克视为最好的管理方法——自主式管理,让我们咨询公司按照中国企业的管理模式来设计管理制度。

位于美国印第安纳州的Eaton公司,在其一个小型锻造厂中采用自主式管理的方法,授权给一线工人。自我指导团队管理他们的组织和成员。刚开始,许多工人喜欢这种自己当老板的感觉,不用被别人监视着上下班。然而,很多雇员难以适应这种自我指导团队的控制机制。因为现在虽然似乎少了一个老板,却多出了一百个老板。当一个团队在生产上出了差错,生产了一批有缺陷的零部件时,整个团队都要向其他的团队解释错误的原因。此外,以公开会议的方式对一起工作的伙伴进行训导或处罚,会使一些人感到相当不舒服。一个雇员在评价这样的团队会议时说:"我宁愿让管理者来干这样的事。"在采用了这种管理方法后,在Eaton公司的所有工厂中,这家工厂的员工流动率反而是最高的。

　　事实上，德鲁克本人也同样困惑于如何在职能部门实现目标管理的问题。这样一个违背他的"管理哲学"（目标管理）的问题让他十分别扭，也未能提出解决办法。他对管理结构设计的建议就是"联邦分权制"（借用德鲁克的话说，即"由自主管理的产品事业形成组织"），也就是通用电气后来实行的事业部制。但联邦分权制也会出现让他头疼的职能部门，比如行政部、财务部、人力资源部等难以用公司绩效目标来考核的部门。

　　不论如何，"联邦分权制"是个好的建议，它把决策权下放了，使之更接近那些掌握决策信息和比较容易被明确的绩效目标激励的管理人员。

信息不对称颠覆了传统理论

管理通常是通过权力来发挥作用的，其内容包括：决策、审查监督、纠正下属错误、处理意外事件、协调同级部门"上传下达"，等等。而**管理的定位一直在集权和分权之间摇摆**，集权的理由是上级比下级更加训练有素，技术更加熟练。

笔者曾经看到过企业规模已达到20亿元的老板仍然事事亲历亲为，理由很简单：第一，他是从基层干出来的，什么都懂；第二，他对下属不放心。如果说这还有情可原的话，那么再看看某国营企业：这家企业从煤矿行业跨到精细化工行业，化工行业的一把手还要从原来的煤矿企业派出，虽然这位一把手有化工企业的从业经历，但毕竟对化工行业的管理方法不如聘来的高管清楚。但是，这个化工企业的一把手还是把手伸到了一线。结果可想而知，化工企业的人才离开，事故频发。

在集权管理中，有一个不可回避的问题是信息不对称。关于自己领域的信息，下级知道的总是比上级更多，而在向上级汇报时，有些重要信息因为牵涉到个人或部门利益问题而被扭曲。于是，越往上走，信息扭曲的现象就越严重。

因此，管理理论普遍强调分权，但对于分权带来的风险却一直难以控制。如果下级在专业方面比上级更训练有素，技术更加熟练，而且信息反馈充分，那么在激励到位的情况下，决策权下放就是一个最佳选择。

在管理优化的方向上，"信息权上移，决策权下放"是不二的选择。 分权的风险在于当信息权上移，即信息充分反馈的情况下，下放的决策权将被消融。

在具体操作上，应着重设计如何保障对上的信息透明，以及如何激励掌握决策权的下属。在传统管理理论中，对此并没有一个闭环的考量，实际中也很难操作。

除了人，什么都好办

由弗雷德里克·温斯洛·泰勒（Frederick Winslow Taylor）①提出的科学管理理论的中心思想是"科学"、"精确"、"逻辑"。他的思想体系充满了规则、可重复性和可比较性。当时，社会上的资本规模还不大，仍然以卖方市场为主，所以计划、预算、系统、策略和标准化就理所当然地成了固定的思考模式。

在管理咨询界，继承泰勒衣钵的人远比继承德鲁克衣钵的人要多，原因就在于其科学理论可以复制，为管理咨询公司流水线生产提供了不可或缺的工具。管理咨询公司推出各种管理工具，从战略规划、预算管理、平衡计分卡、组织架构设计、流程设计，一直到岗位分析，其目的就是为了把环境和人的因素的不可预测性降到最低，为了能预测人们的动向，将人力像资本一样控制起来。

---

① 弗雷德里克·温斯洛·泰勒，美国著名管理学家，经济学家，被后世称为"科学管理之父"，其代表作为《科学管理原理》。

但是，在这些工具当中，我们并没有看到对被管理者动机的描述。在战略和企业文化中有愿景设计，但这个愿景往往只属于老板。人们已经完全相信组织、结构、监控、计划、ISO9000，诸如此类。为了避免个体的不可预测性这个"例外"，管理咨询公司发明出一个又一个工具，以便使个体具有可比较性、可嵌入性、可替换性，使他们如同棋盘上的棋子。很多传统的经理人很难接受这样的事实——"受制于人"，尊重下属的主观性和个体性对他们来说是难以想象的事情。

笔者有过这样一段经历。在离开公司 10 年后，我回到原单位做培训，碰到当年的经理，他在现在的下属面前对我的评价是太特立独行，这其实是一种委婉的不认同。

当年，他们对我的投诉是"太悠闲"。当总经理找我谈话并表示我的经理投诉我太悠闲时，我不知道如何回答，只能说"是比较悠闲"。

总经理又说："这样不对啊，你是经理的左膀右臂。"

于是我回答，自己认为左膀右臂应该是这样的：采购部有两个部门，我负责进口部，我所在的部门所有员工如果出现任何主观错误，都算是我的工作失误。

实际上，在我进入公司以后，在一两个月内就迅速把这个过去被投诉最多部门的投诉率降为了零。我认为这是我对经理的最大支持。

后来我才知道，我的回答在职场上属于严重的幼稚错误。正确的回答应该是，首先承认错误，然后表示要多和经理沟通，多汇报。因为经理新上任，而且没有采购和采购管理方面的经验，希望多了解情况和学习，但他的学习方式是指望我们主动汇报。

把员工当棋子的结果就是，某些看似"科学"的方案却难以落地。

我们曾经接手过一个某瑞士公司 CRM 落地的案子，同场竞单的是麦肯锡，该公司联络人暗示我们应该按照麦肯锡方案的模式搞个客户分类。

我当即指出:"如果当事人没有动机用 CRM,做客户分类又有什么用?作为销售人员,有 N 多种办法让这套系统废掉。因为任何看起来高明的系统,还是需要人去输入信息的,输入的是垃圾,产出的必然是垃圾。"最后,我们通过修改流程,实施过程管理,改变考核内容,从而实现了以改变当事人动机的方式导入 CRM。

管理工具的设计会有意无意地忽视人的存在,其目的在于规避掉人这个最大的不确定性因素。这种不确定性尤其体现在人的动机上。

按照德鲁克所说,管理有三项职能:管理企业、管理管理者、管理员工。其中管理管理者的绩效是最难评估的,在其位者的动机也是最复杂的,因为对于他们而言,几乎没有可以产生足够压力的量化考核,这样就会出现保护自己乌纱帽或向上爬的动机超过了为组织做贡献的动机,通过不正当手段获取利益的动机超过了靠本分工作获取薪酬的动机。有多少管理者都没有把主要精力放在发展公司业务上,而是忙于玩弄权谋,拍马屁,打击可能取代自己的能干的下属?"帕金森定律"表述中可能有的丑行他们一个也不少。但是,《帕金森定律》也好,《彼得原理》也好,对于这些畅销半个世纪的著作,管理理论大师们却置若罔闻,很少在管理理论方面对此有所研究。

在现实管理中,一个管理人员在没有获得上级的充分信任之前,往往是越能干,职业生涯前景越糟糕。但职场人士为了获得上级信任而做出的行为都往往会偏离组织的绩效目标。

【操作手记】
一个管理咨询新手的案例自述

一个从来没有做过咨询的新手一开始就负责一个咨询项目,他的思路必然会与咨询业的套路产生冲突。

在这个项目的操作过程中，我始终在被老板痛批，说我做的工作简直像个营销总监。结果，由于与公司的理念相互冲突，项目以失败而告终。

背　景

这个案子是我进入管理咨询业的第一个案子，而且是我在面试之后，还没有报到就被派去跑的一个客户。老板自己去了两次，没成，便派我去死马当活马医。当然，这或许也是因为我所做的 3 个小时演讲式面试给老板留下了深刻的印象。于是，我这个一次咨询也没做过的新手就出发了。

我的客户 A 企业是一家地处江苏偏僻小镇的公司，公司历史久远，资产过亿。在我首次拜访之前，他们见过不下 6 家咨询公司的老总，包括本公司的老板，他们都不满意。老板让我去见见 A 企业的"少帅"，告诉我这是一个对方要求我们设计股权激励的案子，他没有给我压力。

拿　单

在某城市的一家茶座中，坐在对面的少帅英俊帅气，严肃中透露着少许焦虑。

在介绍完我对企业管理的理解后，我直截了当地说："B 总裁，我们就不讨论项目建议书了（不是他不懂，是我不明白），请说出您面临的问题。如果我不能解答，我们就到此为止吧。"

B 总裁也不客气，一个个十分具体的问题被提了出来，我也一个个当即提出解决思路，此时我以前做营销总经理的经历帮了大忙。其中一个据说难倒了很多咨询公司的问题是这样的："我们需要一个某某行业的营销专家，你做过这个行业吗？"我的回答是："没做过，但这个行业的营销模式已经落后其他行业几十年了，你要找落后的，很容易。要学习先进的模式，找我就对了。"

但模模糊糊中，我知道这些都不是主要问题，唯一能够肯定的是对方需要一个稳定的过渡。我深吸了一口气后对 B 总裁说："要变革，首先要找出并稳定某些不能动的关键点和人。即变革要先打桩，然后才能谈变的问题。"

B 总裁对此深以为然："你是我见过的最稳的咨询顾问。"

回到上海，我正准备放松一星期再回公司报到，老板就用手机打来急电："尽快报到，对方要求签合同。"

诊 断

我带领项目组成员进驻 A 企业开展工作，进行一对一访谈。

6 天后，在我住的宾馆房间，我向少帅汇报了我们的诊断结果：存在四个主要问题，其共同的核心是手下骨干对少帅缺乏信任。

汇报完毕，他沉默了一下，脸色由白到红："我干了那么多年都不知道，你们怎么可能在短短 6 天就发现问题……"我静静地看着他激动地说完，然后摔门而去。

第二天是年度营销规划会，我首先介绍了年度规划的要点，接着听了 10 分钟发言，仍是老问题。那天，我刚好发高烧，于是闭目养神。晚上回到宾馆，饭后出门买药。手机响了，负责联络的 Z 总监打来电话，说老板向我赔礼道歉，认为我提的问题都是对的。接着，便问我是否在宾馆，老板已到大厅等我。

一番长谈，少帅说出了他深埋心底的焦虑：对公司销售骨干信心动摇无可奈何。长谈后，我立即给老板打电话：由于项目直接与销售相关，需要延长诊断时间，我本人要亲自驻点 20 天。老板抱怨我浪费时间，通常他只让我每月驻点 6 天。

在诊断报告中，我对客户内部因素的深度剖析包括：

1. 公司骨干对少帅上任以来的能力表现不认可，这是导致他们决心出走的主要原因。

2. 个人目标与组织目标存在差异，形成老板着急、员工观望的态势。作为公司目标，远的有上市目标，近的有新品推广和 2004 年销售目标，如果顺利实现，公司将跨上一个大的台阶。但这些都没有和员工个人目标（收入、职业生涯）明显挂钩。部分底层员工认为公司有比较丰厚的利润，自己相对同行得到的太少，而现在还留在公司，则是因为工作没有压力，比较清闲。而中层员工则对公司的发展抱有希望，也期待公司对他们的将来有所承诺。

3. 绩效考核没有体现差别，区域、个人之间没有可比性，考核中主客观因素混为一谈，基本没有激励作用。没有针对营销工作特点将权、责、利分配到位。绩效考核只求平衡，实际是平均主义。只重稳定，不重激励和发展。对于考核中涉及的客观因素变化没有界定和剔除，考核不能体现对主观行为的奖惩，也就缺乏效用。

4. 由于行业和地域特点，人才难招、难留是客观因素。但对公司现有人才的能力发掘不够，授权不够、没有在一定范围内集中使用，发挥拳头的作用。销售岗位本身具有淘汰率非常高的特点，称职的销售员十分难得。同样，称职的产品专家也稀有。要充分发挥企业现有的人才能力，必须统筹规划。由于营销总监缺位，造成这方面功能缺失。在另一方面，对有能力的片区经理授权不够（定价），使销售在没有策划的情况下开展相应的业务，也没有提供平台锻炼经理的市场策划能力。这也影响到人才的稳定性。

20天后，我的心里有了底：第一，股权激励不能满足客户的需求（客户自己也没有认识到），因为销售骨干不满的是上层的能力，而不是待遇问题。第二，这里需要的是销售激励咨询，当年业绩上来了，队伍也就稳定了。同时，销售激励方案我已经策划好，并和骨干们进行了沟通，取得了共识。

于是，我决心从转变心理架构开始做起：第一，在项目诊断时，就开始一对一地宣导我预想的激励方案，并取得六个片区中两个片区经理的认可，同意试点两个不同的方案。第二，给出绩效考核的设计方法，让各区经理自行设计绩效考核方案。

结果，第二项建议引来一片抱怨，例如"没时间，我们设计了要你们干吗"，等等。

而我的态度十分坚决："如果你们没有跟我们一样熬夜到凌晨四五点钟，就说明你们其实有时间。如果什么都是我们做好了，你们能理解并执行好吗？在我们离开之后，你们需要修改时，还要不要再请咨询公司？"

方　案

针对"年度销售计划执行不下去、销售人员激励不到位，造成公司业绩没能达到应有水平"的现状，我提出了以下方案：

第一，对于愿意接受公司年度销售目标的片区经理（有一人），将目标与预算使用权捆绑，并实行月度检核及偏差分析，在放权到位的同时控制预算的使用。

第二，对于不愿意接受公司年度销售目标的片区经理，将其下属业

务员的 N 个区域打散,重新划分成(N−1)个区域,然后由 N 个业务员
对这(N−1)个区域进行投标。最后,没中标的一人待岗。同样,每个业
务员以销售计划进行月度检核。不行的下来,待岗的顶上。

出　错

按照当时咨询公司的标准流程,主要负责拜访客户的我按自己的方
案跟方案写作顾问进行了两次沟通,以便让他明白我的想法。方案从写
作到成稿,其间经过了 1 个多月,而那个写作顾问在交稿给客户前也没
有给我这个项目组长过目(但多次给老板过目了)。最后,方案写成了三
层四级式绩效考核方案,跟我原来的想法完全不同。

客户的第一个反应是看不懂。那时,我正在和老板一起出差,老板
便赶紧让我去客户那儿救急;同时,让另外一个同事按照我原来的想法
重新写方案。当我赶到客户那里,原方案写作者正得意洋洋地从 B 总裁
办公室出来,对我说:没问题了,客户已经明白了;老板说了,从此你在这
个项目里再也不要说话了,现在我来负责这个项目。

不久后,我离开了这家咨询公司。而传来的消息是:这个项目的尾
款未能收回,客户仍不明白如何操作,所以不满意。

总　结

其一,站在“人”的角度,而不是咨询产品(股权激励)的角度,才能发
现客户需求背后的原因:销售骨干对少帅的能力表示担忧,造成一次性
出走。

其二,解决方案也要立足于“人”的初始需求——建立对公司未来发
展的信心——去设计营销策划方案,而不是盲目地跟随客户的思路,做
股权激励。

其三,客户提出的咨询需求,绝大部分离不开人的问题。方案永远不是最重要的,重要的是如何转变当事人的心理架构,将方案落地实施。所以,变革管理咨询非常重要。

其四,大家或许会认为我的老板太霸道、太无厘头。其实,真正的原因是,到后来他对我做的方案也已经不明白了。咨询界有很多这样的人,他们的个人经历中大部分是在做管理咨询,占据其头脑的是逻辑、系统、管理工具,就是没有"人"。往往是做咨询的时间越长,越没有"人"的概念。

复杂的制造者：管理咨询

杰克·特劳特(Jack Trout)①在《简单的力量》一书中提到："这群人不用弓箭，拥有大量复杂的时髦术语和思想用以钉死猎物。"

中国的管理创新很容易陷入两种误区：一是认为中国是特殊的，要搞中国式管理；二是"系统地"照搬西方管理制度，尤其是咨询顾问，张口闭口就是系统和逻辑。软件公司干脆以最佳管理实践来回避所有的管理理论落地问题：最佳流程在长江口等着呢，总要先走这一步。可长江有很多险滩，大多数企业还没到长江口就被淘汰了，当然也就无法验证这高价购买的最佳流程是否真的是最佳的。

管理理论基本都是开放式的论述。作为管理咨询顾问，要结合管理

---

① 杰克·特劳特，定位之父，被摩根士丹利推崇为高于迈克尔·波特的营销战略家，也是美国特劳特咨询公司总裁。他于1969年以一篇题为《定位：同质化时代的竞争之道》的论文首次提出了商业中的"定位"(positioning)观念，1972年以《定位时代》论文开创了定位理论，1981年出版学术专著《定位》。1996年，他推出了定位论落定之作《新定位》。2001年，定位理论压倒菲利普·科特勒、迈克尔·波特的理论，被美国营销协会评为"有史以来对美国营销影响最大的观念"。

理论给客户出管理方案，仅仅依靠管理理论，难度是非常大的。于是就有了波士顿矩阵、五力模型、平衡计分卡等管理工具。工具强调的是系统性和逻辑性，系统性是工具本身的要求，逻辑性是说服客户的最佳途径。但这里的系统性并不等于完整地按照系统论去操作，而是半个系统：系统地思考点和部分系统地推进，但由于不负责管理操作，所以没有系统的反馈。而系统反馈恰恰是最容易出问题的地方。由系统反馈问题造成的系统运作障碍构成了管理文案不能落地的绝大部分原因。

史蒂夫·乔布斯（Steve Jobs）曾经说过："为什么施乐、IBM 不能创新？为什么 IBM 等大公司会失败？大公司拥有最好的制度管理人员，但他们忘了设计流程的目的是为了'找最棒的答案'。制度流程这个工具成了他们的目标！"

每天，首都机场都有 40～50 名管理咨询顾问登机出发到全国各地，给企业做管理咨询。每周，全国管理顾问给客户提供的管理方案如果打印出来堆在一起，起码有六七层楼那么高。其中，最多的咨询是战略和人力资源咨询，其次有组织流程咨询、IT、营销，等等。但是，自从管理咨询进入中国以来就一直有不合适的杂音——管理方案好像很难落地。这种杂音如果仅仅来自客户，或许还可以用客户的执行力不到位来辩解，但问题是杂音同样来自咨询公司内部。甚至国外也有几本揭露管理咨询内幕的书开始进入中国，如《咨询的谎言》、《咨询的神话》、《咨询的奥秘》等。

"一门职业的道德操守不是依据于科学，或者任何一种技术学科，而是依托于信任。在任何一门严肃的职业中，正如同在任何一个稳定的社会中，这种信任依赖于一种公平而明白易懂的奖惩制度。医学之所以是一门职业，不是因为分子生物学方面的研究，而是因为它具有特许要求，行业标准委员会以及控制玩忽职守的监察机制。"①然而,管理咨询这门"职业"并不具有这些特征,它只是在推定的"科学"发现的基础上,被认为是职业的和专业的。在信息不对称的市场上,没有什么可以限制管理咨询顾问在公众责任和自利之间作出取舍。

1935 年,麦肯锡的创始人詹姆斯·麦肯锡(James O. McKinsey)在向马歇尔·费尔德百货公司(Marshall Field Co.)提供全世界第一个管理咨询项目服务时,应对方要求参与了执行工作,担任了该公司的董事长和总裁。公司利润虽然上去了,但却引起了内部矛盾,董事要求他在年底前改善矛盾状况,否则辞职。结果没等到年底,麦肯锡就一病不起。在去世那天,麦肯锡对他的朋友詹姆士·马杰森说:"做咨询一定不要过多插手客户的内部事务。"这句遗言目前仍被大多数管理咨询公司奉为金科玉律。

1960 年,西奥多·利维特(Theodore Levitt)在《哈佛商业评论》杂志上发表论文,阐释 20 世纪初煤油工厂濒临倒闭的情况及其原因。当时,煤油和煤气一样是世界照明的主要能源。于是石油公司集中起来打击煤气,并且努力提高煤油在照明方面的性能。简言之,石油公司的领导者以为他们进入了煤油工业时代。他们做得相当成功,并且把前景设想得很美妙。然而,大约在一二十年之后,煤油在发达国家就被淘汰了。因为发生了一件令人难以相信的事情——爱迪生发明了一种灯,这种灯既不用煤油,也不用煤气。

利维特的观点是:要是让石油公司的领导人认识到这是照明时代而不是煤油时代的话,他们——而不是别人——就会发明出电灯。

---

① ［美］马修·斯图尔德:《管理咨询的神话》,任文科译,中国人民大学出版社 2009 年版。

在此我们套用利维特的方法分析一下目前的管理咨询:一方面,跨国咨询公司勉为其难地用科学的管理方法来解答不属于科学范畴的高层管理问题(为了便于复制),同时建立了庞大的数据库以丰富它们的咨询方案,这些方案就像低效率的煤油。另一方面,一大批模仿跨国咨询公司咨询模式的国内咨询公司就像是当年弱小的煤气公司。

而企业本身需要的是管理的推动和组织能力的提升,需要的是"光亮"。在这一方面,实施变革管理咨询才是能够真正为企业带来光亮的"电灯"。

实施变革管理咨询作为最有价值的管理咨询,体现在它不回避对企业家和资深高层进行面对面的咨询,以转变他们的思维方式和心理架构。这对咨询顾问的企业管理经验和沟通的艺术性提出了极高的要求。事实上,目前大多数咨询公司只是设计方案,从来没有真正成为客户实施变革的伙伴。

正如《彼得原理》一书中对"职业性的机械行为"(pro-fessional automatism)的阐述:"显然地,**对职业性机械行为者而言,方法重于目标,文书作业重于预定的目的。**这类员工不再视自己为服务大众的人,相反地,他们把大众当作原料,用来维持他们自己的生存,并使一切表格、仪式、层级组织等得以继续存在。以顾客、客户或受害者的观点来看,职业性的机械行为是不称职的。"

偏好面向未知的将来

和算命一样,管理咨询偏好于对未知的将来进行解释。战略咨询就是其中的典型,所谓"坐在现在,思考未来"。在 1965 年之前,企业管理在没有"战略"这一概念的时代里并没有特别地感到黑暗。1965 年,美国洛克希德公司(Lockheed Corporation)的伊戈尔·安索夫(H. Igor

Ansoff)出版了《公司战略》一书，其中所说的战略围绕"我们要做什么"，其战略决定的核心在于公司的外部，而非内部。自此，战略与行业分析就结下了不解之缘。

笔者曾与一个麦肯锡前合伙人聊天，谈到其战略制定方法时，他说，我们用的方法论，你们也可以在网上搜到，搜不到的是我们的资料库，我们离开麦肯锡也没法查询，所以现在即使做战略，也和你们同处一个水平。说到麦肯锡的战略制定方法，看过麦肯锡合伙人写的《麦肯锡意识》和《麦肯锡之路》的人都知道，麦肯锡采用的是预期性假设方法，即先假设战略方向，再根据假设的战略方向收集行业资料来证实或证伪，但其资料都是围绕证实收集的，证伪的可能性极小。进行预期性假设的动机就是因为行业资料太庞杂，而说服客户需要逻辑性、系统性，这些都需要足够"完整"的资料。这种方法虽然明显有套套逻辑的嫌疑，但对于浩如烟海的行业数据鸿沟，并没有人能提出更好的解决办法。

随着大数据时代的到来，办法总比问题多。面对大数据，新的解决办法要求改变对精确性的追求，转而追求混杂性，改变对逻辑因果的追求，追求相关性。这实际上反证出麦肯锡面对行业数据鸿沟所采用的逻辑推导方法就是一个鸵鸟式的套套逻辑，而不是真正的解决方案。但验证一个战略的正确与否，却是在企业付清战略咨询费以后的事了。就像街边算命的人，他并不为未来所发生的事情负责。而当下谁都不知道未来会发生什么。这就是战略咨询收费高昂而又安全的道理所在。

史玉柱开发"脑白金"这一产品的时候，战略目标客户应该是那些睡眠紊乱的高级白领。但当某县城的"送礼只送脑白金"广告能显著提升销量的时候，他立即到销售现场做调查，发现主要购买者是回乡过年的农民工。这显然不是脑白金的战略目标客户，但史玉柱却立即把这个广告推广出去，结果农村成了脑白金的最大市场。如果史玉柱顽固地坚持

初始战略，就不可能有后来脑白金的辉煌。幸好史玉柱当年没钱找咨询公司做战略咨询。

除了战略之外，搞流程优化的也"爱上了"未来。笔者有一次去参加一个房地产企业的战略务虚会，会上房地产专家建议企业家放慢发展速度。结果企业家当即发火：昨天我见 IBM 咨询，他们的意见和你们正相反，认为我们很快就可以发展到千亿元销售额（目前百亿元），所以他们要给我做一套符合千亿元销售额的流程。我问：如果他们做好了，你如何去验证这个流程是有效的？企业家答：他们说这是经过多次验证的最佳流程，我们一定是能用到的。

最佳流程永远在未来。骗子、战略家、流程专家都爱上了未来。

分类，分类，再分类

如果说管理咨询工具最擅长的是什么，那就是分类，比如战略咨询中著名的五力模型、波士顿矩阵、绩效管理的平衡计分卡，等等，而这些大分类中的小分类更是不计其数。但在这些分类的内容里面，依然没有回答管理的边界在哪里，和管理大师们的著作一样不清不楚。奶牛产品和瘦狗产品之间不清不楚，奶牛产品和明星产品之间也不清不楚，而且随着时间的流逝，它们之间可以毫无障碍地变来变去。

"尽管发明者波特[①]本人十分明智地避开'预测'这趟浑水，但那些希望利用他的框架的人却不得不这么做。原因在于，预测战略决策的未

---

① 迈克尔·波特（Michael E. Porter），哈佛大学商学院教授，在世界管理思想界可谓是"活着的传奇"。他是当今全球第一战略权威，是商业管理界公认的"竞争战略之父"，在2005年世界管理思想家50强排行榜上位居第一。他先后获得过大卫·威尔兹经济学奖、亚当·斯密奖，并五次获得麦肯锡奖。

来结果正是此框架的目的所在。他们的理论并非真正的理论,它们只是一些'正是如此'的故事,**它们唯一的贡献就是了解过去,而非预测未来。**"《管理咨询的神话》一书中如是说。

按这些分类框架做战略就像看着倒车镜开车。有两位美国教授在1994年所做的一项实验证实,接受过波士顿矩阵训练的商学院学生在矩阵的指引下,压倒性地选择了无利可图的投资机会,而忽视了那些真正可以盈利的机会。这两位教授还发现,使用矩阵的公司平均取得的资本收益率,要略低于那些没有使用这些矩阵的公司。

相比美国那些缺乏悠久文化的教授用家畜作为分类名称,中国管理咨询业者在发明分类框架方面也不甘落后,而且分类名词更加具有哲学意味。某著名咨询公司用到了势、道、法、术、力作为分类名称,其内容无非是管理学里早就有的战略、文化、人力资源、组织制度,但有了新的分类名词就显得更有文化、更有道理。咨询业者很注重营造这种有点哲学意味的感觉。

当然,如果不幸碰到聪明的客户,可能就会被骂:"请把你那套封建残留拿回去!"

没错,分类是认识事物或问题的一种好方法。但解决问题需要方法论,而不仅仅是认识论。认识论不等于方法论。过度分类会割裂事物之间的联系,从而忽视要素之间关系的重要性。

"悬丝诊脉"靠不靠谱

传说在古时候,因为宫廷中尊卑有序、男女有别,所以御医为娘娘、公主们看病,不能直接望、闻、问、切,只能将丝线一端固定在病人的脉搏上,再通过丝线另一端的脉象诊治病情,俗称"悬丝诊脉"。

是否真有御医的医术能出神入化到如此境地我们不得而知，但当前的管理咨询行业中却切切实实地存在一批将"悬丝诊脉"作为拿手好戏的咨询公司。

我曾经看到同事在投标管理咨询项目时的丢单总结中写道："后来经了解获知：客户是以招标形式邀请咨询公司参加我们的项目。其间，投标前不安排面谈交流与沟通，只是在电话里面与相关部门有初步的沟通，且没有任何其他信息来源，公司的所有项目基本都采用这种形式。经过领导们综合考量，最后选择了那个竞争对手合作。"

现在，越来越多的咨询项目是以招标方式进行的，而且参考其他产品采购过程，尽量回避在开标前与供应方见面。这种做法似乎看起来更加公平，但实际上荒唐至极。

企业管理的问题百分之百是人的问题，购买管理咨询，首先应考察的就是顾问对管理问题的洞察力和解决思路，以及推动变革过程中与人的沟通说服能力。这些都需要客户方面对面地考察才能得到初步的认识。在这里，企业主动放弃了这个机会，是为荒唐之一。

另一方面，某家咨询公司连企业的门都没有迈入，就凭项目建议书拿到了项目，说明其项目建议书还悬浮在空中的情况下，仍能打动客户，足可见功底"深厚"。具有这样"深厚"功底的顾问，企业还能相信他在进入企业后，有足够的动力去脚踏实地地调查分析实际情况吗？要知道，他的特长就是"悬丝诊脉"写文案，怎么会舍弃自己的长处（漂亮的文案写作能力）呢？

在客户不是上帝就是皇帝的现实中，可怜咨询公司作为专业人士也不得不迎合客户非专业的要求：投标——"悬丝诊脉"，就像太医和妃子的关系。明明知道"悬丝诊脉"不可能得出有效结果，却仍然煞有其事地做诊断，无中生有地拿出解决办法或者思路，哪怕被戳穿，仍能找出合乎逻辑的理由。

有这样一个故事：

一日，乾隆皇帝宣御医看病，御医不知是哪位妃子染恙，心想先讨个吉利再说吧。于是，在悬丝上诊了一会儿"脉"后，喜形于色地说："启禀万岁，是喜脉！"

乾隆一听，暗自笑了，说道："就凭这根细丝诊脉看病，朕不信！"御医忙磕头道："臣诊脉从未有过差错。"于是，乾隆便命太监带御医去看悬丝的另一头。

原来，皇帝想试试御医的本领，丝线的另一端并未系在病人的手腕，而是系在板凳腿上。御医看了大吃一惊，险些吓晕，这可是欺君之罪啊！但他不愧是个有经验的老御医，稍定了一下神，便搬起凳子细细查看一遍，说："敢请劈开凳腿，便知微臣讲的是真是假。"

乾隆立即命太监用利斧劈开凳腿，只见凳腿中有一个小蛀洞，洞内有只小虫正在蠕动。御医连忙跪奏："万岁请看，此为木之孕也，所以叫喜脉。"

企业如妃子，不懂专业很正常。咨询顾问如果缺乏拒绝投标的勇气，就要有这位御医临危不乱、厚颜辩解的水平，才能在这行混下去。

其实，管理咨询远不同于找医生看病。病人完全处于信息不对称状态。作为企业管理者，尤其是企业家本人，对管理理论本身的认识虽然不如顾问那么多，可实践经验及直觉远超过管理咨询顾问，而且企业家本身的动机比高管要"纯"。企业家和未来的管理咨询项目负责人面对面、王牌对王牌式的面谈比书面招投标有效得多。面谈可以发现对方的洞察力如何，即企业家没有说出来的问题他是否能发现。其次，考察其未来方案的思路是否具有可执行性,这点企业管理者更需要有清晰的判断。

修脚与续单

笔者的脚有甲沟炎问题。平常都是自己用剪刀修,出差前不放心,便去找修脚工,结果连续两次都上当,尽管修的时候已经多次大声提醒修脚工不要修那么多,可对方依旧当作耳边风。

静下来一想,其实修脚也是一个充满悖论的行业:如果修脚工技术高超,一次就解决了客户长期得甲沟炎的问题,那么在这个客户上他后面的生意就会越来越少,假设其他条件不变,则一心只为客户着想的修脚工就会面临饭碗问题。

想到这里,我就会感到"以客户需求为导向"的理论在这个行业中是多么可笑。从咨询专业的角度来看,修脚工成功的关键就在于为客户修出更多的隐患,而且最好这个隐患客户不没法自己解决(修得够深),让客户不停地光顾。当然,态度上一定要好,让对方伸手却打不了笑脸人。

之所以说修脚行业不适用客户需求导向,是因为这个行业的信息不对称,顾客最快也要数天后才能发现问题,而且难以判断这个问题到底是修脚工造成的还是本来自己就有的。推而言之,所有的不对称信息行业都不太适用于客户需求导向,除非社会环境有着宗教般的诚信。就连很多著名的公司都难以逃脱诚信的拷问,因为只有故意选择比较差的配件,才能保持一定的维修频率,从而树立服务品牌。因为过少的维修行为将难以传达其维修工戴鞋套、不抽烟、不喝茶等一系列品牌符号,就像电视广告必须达到一定的播出频率才能有效果一样。

管理咨询何尝不是这样？有的公司以其续单率高而自豪:说明我们

的客户是多么地认可我们。更多的潜在可能却是你把客户的"脚"给修得"化脓"了：做了战略，发觉人力资源有问题；做了人力资源，发觉人才有问题；做了猎头，发觉到处都有问题。因为战略看起来是上帝才能完成的，岗位是神仙才能做的，人才是那些最像神仙的人。脚修得够深，能不续单吗？

　　某同事给某事业单位做咨询，3 年来已经进入第七个项目了，由第一个人力资源项目，到现在的事业单位改企业的改制项目，各个项目内容都不相同，但层层递进。客户并没有再选择其他或许更专业的咨询公司。该同事除了和修脚工一样善于发现在做项目以外的其他问题之外，还擅长把客户绑在自己的战车上。

管理咨询的三个层次

层次一：生意关系。
咨询成果：方案。

　　在这个层次，咨询公司和客户之间纯粹是生意上的关系。从形式上看，为了保证生意的公平、公正，可以采用采购有形产品常用的招投标形式。买方在评标会上派出多人参与评判，卖方尽量为未来的产品描述出一个可衡量的东西。买方需要一个可以"看到"的东西；而此时的卖方并没有真正进入企业，即使两三天的诊断也难以看到企业中真正的问题，尤其是实施方面的问题。于是大家的注意力都集中在方案的内容概括和数量上面。方案是双方关注的焦点，也是唯一可衡量的成果。

　　此时，客户对咨询公司的取舍标准有：咨询公司品牌、顾问个人品牌、方案涵盖范围及逻辑是否合理。而目前管理咨询公司的品牌还停留在知名度阶段，还没有看到任何具有美誉度的管理咨询公司。

层次二：伙伴关系。

咨询成果：方法论。

我在咨询项目中常常让客户自己写文案，因而不免会受到客户老板的质疑："陈总，为什么我们出钱，却要我们自己写文案？"

我的回答是："你不是要转变他们的心理架构吗，首先要从行为开始。再说，我写的文案他们能执行吗？"

"那我们请你来干什么？"

"教方法啊！我教他们做方案的方法。他们写，我再来改。"

如果没有信任，我是做不到这么强势的，这个信任包括客户对我方法论的认可。

在这个阶段，变革管理咨询是咨询的主轴。在取得客户信任的基础上，如何协助客户将方案落地是顾问的主要任务。其中，"价值观的变革是核心"的观点已经浮现出来。但能否把价值观变革到位还不是这阶段能够体现出来的，因为这个阶段的重点是方案在形式上的落地。"落地"的概念不是像过去咨询公司常做的，通过某种考核机制强行推广，而是从上到下自觉、主动地执行。

在这里，咨询公司卖的方法论包括两个方面：一是做方案的方法论，二是变革的方法论。其中，价值观变革的方法论尤其重要，而价值观的改变是不可能通过培训取得的。在咨询过程中，基于心理学的理论基础及咨询实践，我们研究出了价值观变革的三段论：震撼—沟通—改变，这在企业变革过程中起到了良好的效果。

变革的模式本身就像弗朗西斯克·雅各布（Francois Jacob）和雅克·莫纳德（Jacques Monod）解答的一个谜："一个受精的鸡蛋是怎样分裂自己，把自己分别变成肌肉细胞、脑细胞、肝脏细胞等各种不同的细胞，从而使自己变成了一个初孵的雏鸡？被激活的基因的不同模式造成了不同类型的细胞。"①这个基因就存在于企业的一线业务模式中。激活基因的模式决定了企业组织未来的形态。

层次三：信任关系。

咨询成果：从一线业绩的提升改变企业家的思维模式。

当顾问与客户达成建立在对管理理念理解基础上的信任时，管理咨询就进入了一个新的阶段：对企业各要素及其关系的看法，即哲学意义上的认识论将成为顾问所能为客户提供的最大价值。我们在企业中经常看到这样一种现象：第一个破坏制定好的制度的人往往就是企业家本人。这就是认识的问题。

在一个动荡的时代，任何具体的方法都有不适用的那一天，对问题及其关系的看法，对企业发展的认识论才是永恒不变的。企业管理首先是看待问题的方法，然后才是解决问题的办法。咨询顾问有责任帮助企业家提高其对企业的认识论水平。

不妨来看看我们企业认识论中的关键要素。首先必须确定的是企业家要认识哪些要素，其次才是它们之间的关系。在实际中，企业的要素有很多，如图 1-1 所示。

各要素的重要性在各家企业中是不一样的，帮助企业家发现关键要素及其之间的关系对顾问来说至关重要。但事实上，当顾问和企业家的观点发生分歧时，顾问的妥协往往是没有原则的。

---

① ［美］米歇尔·沃尔德罗普：《复杂》，陈玲译，生活·读书·新知三联书店 1997 年版。

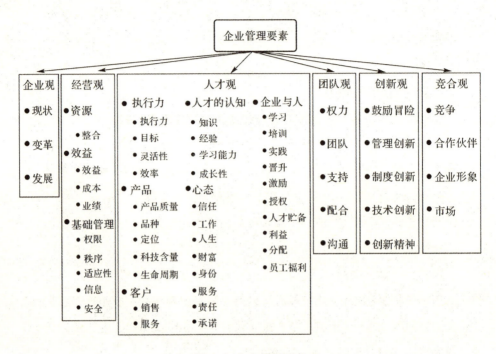

图 1-1 企业管理要素

基于系统论先哲所论述的，"要素间的关系大于要素本身，复杂地交织在一起的正反馈和负反馈关系无法不使事物形成系统"，帮助企业家提高对要素间关系的认识是这一阶段顾问的主要任务之一。譬如，如何处理与员工之间的信任关系？不信任是否会导致员工的短期行为？短期行为对公司运营的影响在哪里？信任的风险在哪里？不信任的成本在哪里？等等。

在这里，正像苏东坡诗中所描述的那样："横看成岭侧成峰，远近高低各不同。不识庐山真面目，只缘身在此山中。"顾问必须要学好如何帮助企业家跳出其自身观察角度的局限，站在"云中"看"庐山"。

顾问和企业家的关系到了深入讨论认识论的阶段就到达了最高境

界，因为企业家自己对企业内部各种现象的看法一般是深藏在心底的。

改变一个人的观点很难，改变企业家的观点更难。然而企业家决定了企业的成败，管理咨询如果忽视了对企业家本人的咨询，就是在舍本求末。管理咨询应该是宁拙勿巧，不能回避对企业家的咨询，而只满足于方案的提供。只有在企业业务一线做出成绩才能取得企业家的信任，将变革进行到底。

管理咨询行业的"手指"与"月亮"

在管理咨询行业有这样一种说法：做过四五年顾问后，再回到企业工作会没办法适应。

如果你有意进入管理咨询行业，但还没有开始做顾问，先看一下本书，它可能会帮助你在你被"逻辑化、系统化"之前，保持一点可贵的客观性。

管理咨询不负责实施，给客户提供的只是书面方案，而不是最终效果。仅仅靠方案让客户付款是有难度的，所以方案必须做得漂亮，至少感觉实施起来很像一回事。然而，负责制订方案的顾问如果不负责实施，那么就很难从实施的角度设计方案，如深入了解该方案在实施中会碰到什么阻力以及如何破除阻力，等等。于是，符合逻辑和系统就成了咨询公司设计方案的核心要求及必备能力。但从管理实践的角度看，管理信息总是残缺的，而逻辑可行的前提是信息对称。

50多年过去了，情况变成了客户找到咨询公司要求为其提供现成的制度，其时代大背景是泰勒的科学管理理念，而制度就是科学管理的体现。从咨询公司的角度看，形成可以复制的科学管理模板是最适合低成本扩张的工具，如果把管理咨询看成艺术，咨询公司的生存就会出现问题，至少难以做大。因为艺术是需要大师的，而大师既贵又难以被管理。1953 年，麦肯锡总裁马文就给咨询公司做出了榜样：招募刚出校门的年轻 MBA，而不是像以往那样聘用有经验的人。

佛教《楞严经·卷二》中有以下记载："如人以手，指月示人。彼人因指，当应看月。若复观指以为月体，此人岂唯亡失月轮，亦亡其指。何以故？以所标指为明月故。"这段话的意思是，有人用手指指月亮，人们应该去看月亮，而不是手指。如果把手指当成了月亮，不仅没有找到月亮，而且会丢失了手指，因为他把手指当成了月亮。

这里的月亮代表着真理和智慧，而佛所讲的教法，都是用来帮助众生悟到真理和智慧之月的手指，人们可以顺着手指的指向看到月亮，但手指肯定不是月亮。认为手指就是月亮，那就本末倒置了。

这里，佛陀强调的是，人们要开悟佛讲的智慧，悟到佛讲的真理，而不是执著于佛所讲的教法本身。这也就是慧能大师所讲的"诸佛妙理，非关文字"。

我借此例想说明的是，咨询公司给企业提供的文档就相当于手指，效果才是月亮。大多数情况下，在咨询公司的误导下，企业把手指当成了月亮。体现在客户那里，就是**不再按你为他们解决问题的程度付费，而是按咨询师的时间和文档质量付费**。

没有复杂，就没有专业壁垒。一个好的商业模式就体现在公司拥有某些核心资料、设备、专利，而这些东西可以迅速通过复制来扩大企业规模。咨询公司也不例外，首先要有核心的、不为一般人所掌握的资料，这最直接地体现在各个行业的背景分析资料中，而这些资料一般是拿来做企业战略用的。这就说明了为什么咨询公司的提案书上面那么喜欢用行业分析和战略。即使是做一份小企业的薪酬管理方案，也要带上行业分析和战略，既显示了文案的厚度，也让客户望尘莫及。

有的客户想从和咨询公司的顾问闲聊中偷艺,殊不知,使用这些浅显的伎俩怎么会是管理咨询公司的对手。如果管理秘诀真的可以直接口头告诉客户,客户就能操作了,咨询公司到哪里去收费?确实有不够老练的国内公司咨询顾问在谈单时就说出了能够让客户立即见效的方法,譬如某物流咨询顾问告诉客户,只要把半成品检验和成品检验同时进行,就可以节省三分之一以上的时间。结果,客户自己做去了,后面也就没他什么事了。

咨询公司让客户不得不付款的方法一般有两个:一是大量的行业资料,非专业分析机构无法拥有;二是厚厚的分析文档,非专业顾问无法完成。

但通过行业分析来定位战略的方法论,其本身就存在问题。

自从预期性假设的做法被提出并被奉为法宝之后,只要有了假设,就不愁没有逻辑,因为自此一切资料的收集都是按照这个假设的方向进行的,虽然表面上说是为了避免"不必要"的资料干扰精力。至于基于行业分析的战略是否是先有了战略导向,再收集相关行业资料,那就很难说了。

对内部管理需要"手指"

如果管理咨询的核心秘密能够被每一个顾问掌握,且可以单独运用它们来产生效果,那么对咨询公司来讲,这将是一件可怕的事情:倘若如此,凭什么来留住他们?

反向思考一下:谁最容易自立门户? 当然是有丰富企业管理经验的顾问。

2000 年,一心想做管理咨询的我不得不去美国读 MBA,否则以现有的文凭难以进入这个行业。这是因为,麦肯锡总裁马文的做法成了咨询行业的通行做法。

"麦肯锡不再搜罗具有 15～20 年经验的人，而是依靠更年轻，受过更好培训、更富有想象力的年轻人。"①麦肯锡着重招募商学院毕业生的政策对其在 1952—1959 年间的全国性扩张产生了重大影响。荣·丹尼尔回忆说："麦肯锡在那个时代最具深远影响的一步就是发现聪明的年轻人可以胜任这项工作。这个发现的重大意义在于它打开了一个全新的人才库，为公司的发展创造了条件。"

锁住顾问的手段除了年轻和前面所说的核心行业资料外，就是咨询公司一直反复强调的团队合作。几个完美的人合作起来是困难的，而残疾人就不一样了，腿瘸的找盲人当拐杖是互助，也是一种团队协作。于是，咨询公司内部专业化分工越来越细，各司其职，互相合作。甚至有了一个 MECE（Mutually Exclusive，Collectively Exhaustive）的专有名词，意思是"相互独立，完全穷尽"。"独立"要求研究的每一项内容都是可以清楚区分的，至于"穷尽"是指把已经独立出来的事项想清楚。事实上，这本身就是矛盾的，因为在企业管理中，不可能有完全独立的内容，各项事务都是相互联系的。还是那句话，在要素间的关系大于要素本身的情况下，这种 MECE 的分工方式必然会使更多的联系处于被忽视状态。

从埃森·M. 拉塞尔（Ethan M. Rasiel）在《麦肯锡方法》一书中的例子就可以看清楚问题所在。例子中以以下三项为独立内容：

　　1. 改变把饰品卖给零售商的方式；

---

① ［美］伊丽莎白·埃德莎姆：《麦肯锡传奇》，魏青江、方海萍译，机械工业出版社 2010 年版。

2.改善针对消费者的饰品的市场营销方式（同时认为子内容是：重新调整生产程序以改善饰品质量）；

3.减少饰品的单位成本（同时认为子内容是：重新调整生产程序以降低单位成本）。

稍有常识的人都能明显看出，第1条"卖给零售商的方式"显然和第2条的"市场营销方式"强烈相关，根本无法独立。第2条和第3条也是相关的，降低了生产成本就有空间降低价格，从而取得更大的市场份额，获取更高的净利润，而不仅仅是提高利润率。

MECE分析法对咨询公司的重要作用在于其可以以生产线的模式创造咨询产品，让顾问各自负责一块，然后再组装起来。而毫不顾忌各个模块之间的联系，本身就是不全面和不完整的。

而在方法论层面，其将管理的方法从直觉经验转向逻辑分析和系统论。这可是年轻顾问说服客户的两大法宝。没有了这两大法宝，一个年轻娃娃凭什么去指导资深企业家呢？

要想让手指（咨询公司的文档）看起来像月亮，就必须对手指进行包装，让它看起来像月亮。方法有二：一是形式上的包装使其形象化，做战略就像真的打仗一样，有战略研讨会，有战略地图，有行业分析及竞争对手分析，搞得硝烟弥漫。二是内容上的包装，在这方面泰勒功不可没，他提出的科学管理给咨询师插上了飞翔的翅膀。试问，谁能反对科学的管理？

即使我们都知道管理的对象是人，能够复制的方法有限，但也并不妨碍科学、逻辑、系统等概念在管理上的运用。哪怕这些方法经不起一句质疑：逻辑的前提是信息对称，而管理决策很少是在信息对称情况下发生的。

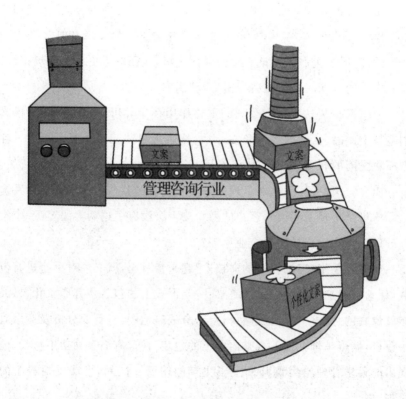

在两种情况下可能把手指看成月亮：一是眼神不好，看什么都像月亮；二是对方把手指伪装成月亮。在实际咨询过程中，这两种情况都是存在的。说客户眼神不好，没有任何贬低客户的意思，这是由管理咨询项目的特殊性决定的，即确定客户的需求往往也是咨询师的工作。这就相当于既当教练又当裁判，都是咨询公司说了算。

咨询的需求来自于恐惧，这里面有决策的恐惧、应对变革风险的恐惧，甚至思考的恐惧，相信他人的恐惧。当客户由于各种恐惧有求于咨询公司的时候，客户会难以了解自己的真正需求，于是一群所谓的"聪明人"就出现了，他们犹如虎入羊群，吃得血肉横飞。但嘴边非但没有一丝血腥，反而衬衣洁白，西装革履，文质彬彬。

买方该如何把关管理咨询项目

项目启动会一开，热闹非凡、群情激昂，毕竟老板出面支持是不一般的，咨询公司早就表示在项目结束后会提高人力资源部的地位，人力资源部长也是踌躇满志。我们经常能在管理咨询公司进驻企业时看到这样的情景。

这时候的企业很难想到咨询项目带来的可能不是顾问帮忙干活的轻松，而是各方利益博弈带来的麻烦。人力资源部毕竟只是企业中一个辅助性质的部门，不属于任何业务部门，在这里却要领导一个关系到各业务部门的项目，难度不是一般的大：合同中的缺陷会暴露出来；老板的期望值过高；咨询顾问缺乏足够的经验，与业务部门沟通带来冲突；业务部门不愿意配合，阳奉阴违；最麻烦的是项目分期汇报时被老板或业务部门驳回，作为项目引进者，人力资源部的尴尬可想而知。

事实上，引进咨询公司时把关不严是后续项目出现问题的根源。

咨询市场是一个信息严重不对称的市场，企业很难判断某咨询公司是否适合自己的公司。而所有的人力资源项目都必须是待实施的项目，因为最后所有人力资源咨询项目的效果都不是体现在人力资源部门，而是体现在业务部门。

帮助客户界定初始需求本身就是咨询顾问该做的工作，也应该是其必备的能力。如果需求界定不清楚，便急于给客户做了一个薪酬咨询，结果可能会给客户的人力资源部带来很大的包袱。但由于咨询公司内部各个模块过于细分，从而使大多数顾问难以从更高的层面上看待客户的问题，所以发展顾问的综合能力就成了有效界定客户需求问题的关键。

所以，企业在选择咨询顾问的时候，要注意以下几点：

1. 驻场项目经理是否有足够的实施经验，项目经理的水平代表着项目本身的水平。考核项目经理的方法很简单：一是看其洞察力，我方没有提到的问题他是否看到了；二是看其有没有变革实施的措施，对实施阻力的分析是否到位。

2. 当咨询公司提到按人头付费的时候就要小心了，因为请咨询公司是来解决问题的，应该尽量描述清楚项目结束后要达到的效果，而不是关注来了几个顾问。

3. 不用太关注前期沟通时的项目建议书是否漂亮，试想一个从来没有深入企业的顾问，仅仅靠漂亮的项目建议书就打动了你，他们进场后还有足够的动力深入企业吗？

4. 看看合约中提到的成果是什么，如果是一大堆文档，而不是自己起初想要的效果，在未来项目结束时，恐怕除了一堆漂亮的垃圾，企业什么也不会得到。

正如上面第 4 条所分析的，**合同偏文案而不是效果必将带来落地的麻烦**。大多数咨询公司都把提供文案作为项目的最终成果，每到项目要结款的时候，顾问们提供的是厚厚的文档，公司付出的是厚厚的钞票。项目经理常教导顾问：没有结果，有过程；看不到过程，有文档。咨询公司所谓的显性成果一般就是指厚厚的文档。

笔者经常看到管理咨询主管们在骂下属顾问的文案缺乏逻辑。笔者想起冯友兰先生的一句话："有人以为凡是依逻辑讲的彻底的学问，都是科学。"问题是，科学真的对管理咨询那么重要吗？实际上，只在一种情况下答案是肯定的，就是管理的对象——人——不再有自主的思考，并且所有人会对同样的刺激表现出同样的反应。在管理咨询项目中，要想在没有主观设定目标的情况下找出合乎逻辑的方案，几乎是不可能的。而主观设定目标的荒谬之处就在于管理中人的主观因素的复杂性及人的多目标特征。

欧洲现代最杰出的数学家之一歌德尔，在 20 世纪就已从数学上证明了，"任何完备的系统，一定是矛盾的"。任何一个看似完备的理论都只能是实践的一个片断，这就决定了它一经产生就有错误的方面。理论的价值并不在于其本身，而在于能否在实践中获得创造性的运用和解决实际问题。管理咨询更是如此，教会客户如何运用理论解决问题，才是咨询的最大价值，而这同时又对顾问提出了更高的要求：只有自身具备足够的企业管理经验及对人性的洞察力，才有资格成为同样资深的客户或员工的导师。管理咨询不仅是教方法，更是人生观、价值观的传输。而这些却是大多数咨询公司不愿意做的事情，因为有大量企业管理经验的资深顾问薪酬更高，更难管理。作为企业家就要更加警惕起来，避免咨询公司把咨询导向引入只需要逻辑和系统分析的陷阱。

所以说，对项目成果的检验，仅仅看文档是否符合逻辑是不够的，还要看顾问能否真正给客户带来变化，哪怕这种变化是不好衡量的，如员工行为习惯、心理架构等层面所发生的变化。管理咨询卖的是服务，产品是通过"人"来体现的，产品的效果也是通过"人"来体现的。虽然管理咨询公司极力将产品标准化、可衡量化，客户付款拿到的是量化的方案，但是客户得到的价值有多少，却不是由方案的多少来决定的，而是咨询内在的东西：对问题的看法是否正确？解决问题的思路是否正确？实施是否简便到位？企业家观念是否已经跟上变革内容？等等。

最后，对一线的咨询是最不可或缺的。

当我们发现企业的问题全都是人的问题，当我们知道人的问题主要是老板的问题，而老板本人最难改变的时候，传统的咨询碰到了死结。

咨询项目不成功有千万条原因，传统咨询认为，企业家思维盲点是其中最大的原因。如果企业家咨询缺位，管理咨询又有何用？事实上，即使在咨询中取得了老板的认同，也并不等于咨询取得了成功。一个咨询项目成功的唯一标准是企业的业绩得到了提升。

至此，当你再次看到一群西装革履、拎着笔记本电脑来到你办公室商谈管理咨询项目的顾问时，你大可不必被他们眼花缭乱的图表所迷惑，也可以充耳不闻他们满口的术语，只需关注他们是否真的看出了企业的问题以及解决思路是否可行。你可以直面要求他们用"明白话"说出他们的看法与做法带来的效果是什么，以及这些效果能否写入合同。

同时，一定要关注项目经理的水准，一个高素质的项目经理会直接帮助你解决一线业务部门的绩效问题，包括销售、采购、研发、生产等。所有你在推广中碰到的问题他都不会回避，并会试图提出可行的实施方案。相信这样做了以后，你会减少很多未来项目合作中的麻烦。

Chapter

上有政策，下有对策。任何规则都可能会有漏洞或例外情况，因而也存在规避规则的机会。也就是说，虽然一些行为在表面上遵守或未违背规则，但实质上却不符合规则的本意，甚至扭曲了系统。

德内拉·梅多斯

《系统之美：决策者的系统思考》

　　"欺诈"在百度百科中的注解是：欺诈是指以使人发生错误认识为目的的故意行为。

　　由此可见，欺诈包含了两层意义：一是主观故意，二是以使对方产生错误认识为目的。

　　如果严格按照欺诈的定义，即"有意识地误导对方产生错误认识"来判断的话，女士出门前化妆都算欺诈行为，因此可以说大多数企业管理中都必然充满了欺诈行为，企业很难建立欺诈真空的诚信环境。而欺诈行为会严重影响到企业的业绩，带来巨大的风险。

　　但也许由于"欺诈"这个词太过负面的缘故，或者管理研究者根本没有注意到欺诈定律中欺诈的原因和发生的条件。所以，很少有能从欺诈角度去规避风险、提高业绩的，更多的是从结果入手，如降成本、提业绩、风险导向的内控，或者着眼于模糊不清的过程，如决策权力的划分、激励体制的设计，等等。这种远离结果发生源头的管理措施的最终结果必然是管理滞后，或者依公司文化环境的不同而导致执行效果大相径庭。这也是管理研究者不能通过其理论结果直接影响管理实践的主要原因。

　　管理理论大师不会遭遇管理欺诈问题，因为其理论成果体现在论文和著作中，纸张没有欺诈动机和能力，想推行什么理论就顺畅地展现在纸上，并不需要去某家企业实践一番。管理咨询师也不会遭遇管理欺诈，因为咨询方案是由客户实施的，最容易产生欺诈的实施反馈部分还没有开始。而企业管理者却几乎每天都在遭遇欺诈，在汇报会上，在报告里，在审批单上，在财务报表中，在看不见的 IT 输入者键盘上，甚至在操作现场。他们缺乏理论研究，也缺乏消除欺诈的管理工具。

内部欺诈让企业步履蹒跚

　　天地伊始，一切单一纯简。即使如此，要说清楚天地是如何形成的也不容易。而复杂的生命，则是一个更难解答的问题。管理的对象是人，管理学对人性的研究一直处于心理学阶段。在经济学方面，经济理性人的提出，无疑是个重大突破。

　　如果要问中国管理和西方管理的最大不同是什么？那就是对"经济理性人"的认识，这方面早已不在西方管理理论书籍讨论范畴内，因为资本主义就是以经济理性人为制度基础设计的。而中国人对经济理性人的认识还有不同看法。我们从小被教导要献身社会，献身事业，献身工作，却不知这些都属于非理性行为，无私奉献不可能被作为制定经济管理制度的假定基础。

　　西方经济学假设的理性人，就是能够合理利用自己的有限资源为自己取得最大效用、利润或社会效益的个人、企业、社会团体和政府机构。

　　卡尔·马克思（Karl Marx）在分析经济社会问题中也这样说，人奋斗所争取的一切，都同他们的利益有关。他在《资本论》一书中写道："分析经济形式,既不能用显微镜,也不能用化学试剂。两者都必须用抽象力代替。"实质上,理性经济人只是复杂人的一个抽象,把利他的因素和感情的因素抽象掉了。不这样做就无法分析经济问题,而这才是问题的关键所在。

在 1978 年冬天的中国,小岗村 18 位农民以"托孤"的方式,冒险在土地承包责任书上按下鲜红的手印,实施了"大包干"。凭借同样的土地、同样的人和同样的农具,"大包干"第一年,全队粮食总产量达 13.3 万斤,相当于 1955 年到 1970 年的粮食产量总和;油料总产量达 3.5 万斤,相当于过去 20 年产量的总和;人均收入 400 元,是 1978 年(22 元)的 18 倍。

小岗村成功的核心在于承认人人都是自私的,其承包模式符合经济理性人的理念,大大激发出了能够合理利用自己的有限资源为自己取得最大效用、利润或社会效益的人或团体的潜力。亚当·斯密(Adam Smith)发展了理性人的观点,赋予了经济人两个特质:一是自利,二是理性。小岗村的经验是承认经济理性人的存在,并按照经济理性人的特点设计管理制度,从而极大地解放了生产力。"自利"这个被羞于承认的词汇恰恰是经济改革开放取得成功的关键。

当自利行为脱离抽象环境,存在于一个信息不对称的环境中时,作为自利的附属品——欺诈行为就会普遍存在。在一家管理不够规范、管理层之间信息不透明的企业中,欺诈会严重阻碍准确决策信息的获取,从而严重影响企业的发展。

中国的企业管理也面临同样的问题:过于相信或假装相信各级管理者的正能量,羞于承认企业内部"欺诈"的存在。试图通过中高层管控制度的设计解决管理风险问题。中高层管控流程不仅没有提高信息的真实性,反而由于各部门有利益冲突,使欺诈事件增加,导致了更多的信息不对称现象,过多的汇报制度严重干扰了企业正常业务的运行。

而在企业对外运营过程中,欺诈就是一项重要工作。**商场如战场,**在企业对外谈判当中,是否擅长合法欺诈对方或者识别对方的欺诈行为是谈判中最重要的技能。企业在对外经营过程中,为赢得超额利益,合法运用欺诈原理是必须要做的,但事实上很少有企业光明正大地把欺诈技能提到应有的高度,培养自己的"首席欺诈师"。

对欺诈现象有一个正面认识,并根据欺诈规律制定管理制度,将和承认经济理性人给农村带来的变化一样,为企业带来飞跃式的发展。

在经济欺诈方面,人们一般比较关注经济犯罪。经济犯罪确实越来越多,仅美国公司 2012 年的经济犯罪造成的损失便达 9970 亿美元。但是很难计算出,由于公司内部欺诈而给管理带来的低效率所造成的损失是多少。

诚信之所以不能在企业中推广开来的原因不是因为宣传不够,而是缺乏对企业内部欺诈原因的分析,主要包括:欺诈的规律、欺诈发生的条件,以及规避欺诈的方法。仅仅靠人的道德水准来约束欺诈行为是远远不够的,必须同时有到位的激励手段和信息透明反馈的途径。

这是一个"后真相"的社会,真相越来越难得。在中国这种不规范的经济运行环境里,企业行走在对外商业欺诈合理性和对内欺诈零容忍度的纠结中。一方面,欺诈作为一种不可多得的高级技能被用于对外合作谈判甚至形象宣传中,另一方面企业又要求员工保持对欺诈的零容忍度。欺诈和反欺诈同时存在,作为一家正常追求盈利的企业理应对这两种技能需求都有必要的追求。但由于欺诈之名太难听,使得企业不能从正面的角度研究欺诈、运用欺诈,当然更不可能以此为标准选配人才。

在目前的社会中,大部分人都逃不过欺诈与被欺诈。奇怪的是却没有人公开地研究欺诈,学习欺诈,教育欺诈。没有受过欺诈教育的学生来到社会上,只剩下被欺诈的份儿。没有接受过欺诈管理培训的官员制定的政策从不考虑执行者欺诈的可能。企业高管如果不懂欺诈管理,就不可能成为一个合格的高管。当然,假装不懂欺诈的不在此列。虽然我不能断言站出来批评本书道德问题的都是欺诈高手,但大多数欺诈高手确实经常有这种表面道德洁癖的行为。

欺诈在一定范围内是一个中性词,当欺诈的目的超出道德底线时,则成为一种没有道德的行为,甚至可能是犯罪行为。然而,在某种环境下,欺诈成了一种不得不具备的生存手段。宁高宁上任蒙牛董事长,放出话说:我们就是亏本,也不做假货。当一个行业中的企业只有做假货才能生存的时候,或一个行业的税收标准已经高于行业平均利润的时候,当不说谎、不做假几乎就是等死的时候,谁能说这是一种不道德行为呢? 史玉柱在微博里说过这样的话:如果严格执法,中国的每个企业家都要去坐牢。

欺诈是有目的和底线的,这些目的和底线决定了一个人道德水平的高低。任何社会都有欺诈,我们只能期望这个社会的道德水平比较高,而不是完全没有欺诈。

回避欺诈是可笑的,也是鸵鸟心态。不论是政府制定政策,还是公司制定管理制度,甚至普通人处理人际关系,认识到欺诈的可能性,了解欺诈的基本规律都是必须的。

欺诈不等于说谎骗人。封锁信息渠道,让人只知道部分信息也是在误导对方,所以也是一种欺诈行为。欺诈是一个不可回避的普遍存在于政府行为、战争、商战,甚至公司管理过程中的现象。管理欺诈甚至运用欺诈几乎成了一个成功者的必备技能,虽然绝大多数成功者不会承认这一点。他们更喜欢贴上诚实、勤奋的标签,而不是狡诈的说明书。但不可忽视的事实是,作为芸芸众生中的一分子,如果不比别人拥有更多成功的资源,要想成功,你必须更加善于思考,"更聪明"地利用别人,但没有人会乖乖地被利用,于是认识欺诈就成为一项必备的技能。

乔布斯曾说:"不要去欺骗别人,因为你能骗到的人,都是相信你的人!"

对自己的团队成员实施欺诈是有代价的,这个代价就是失去团队的信任。企业管理者的权谋行为就是一种典型的欺诈,权谋看起来很容易无伤大雅地解决棘手问题,但其副作用是失去下属的信任,哪怕后来做出真心的行为,也会被怀疑动机不纯。竞技体育中,正当的欺诈也是获胜的艺术手段之一。欺诈的道德底线是否守得住,取决于个人素质和企业环境的约束及激励。

无论是企业还是政府,都已经认识到欺诈给组织带来的巨大损失。但每增加一个管控环节,就面临这个管控环节本身的欺诈问题,因为任何管控环节都是由人来操作的,只要有动机、有机会,就有可能产生欺诈问题。而且专门设立这些管控环节本身就带来了不可忽视的高成本。有没有一种办法,既不需要单独设立管控环节,又能在起到管控作用的同时,提高组织运营效率和效益?通过对欺诈规律的研究,这种方法是存在的,并且已经被一些优秀公司运用。这就是加强"底层设计",通过规范企业底层一线运作模式,在减少信息不对称状态的同时提高效益。

高管的权谋

公司治理的概念已经被提出很多年了,但由于信息不对称,始终难以对高管形成有效约束。尤其是在国营企业和巨型跨国企业,保位置的动机早就超过了业绩带来的压力。许多高管对权力的追求超过了对业

绩的追求。他们整天忙于铲除异己，拉帮结派，巩固地位，最好让上级也
不敢轻易动自己。

在企业中，管理者对权力的追求往往超过对公司整体业绩的追求，
原因跟所有的官僚体系一样：信息不对称、上下级各部门动机不一样。
中国古代有一个叫冯道的人，写了一本名为《权经》的书，书中对权力的
获得、巩固及运用做了详细的总结。其本人历经五朝（后唐、后晋、契丹、
后汉、后周），先后侍奉过十个君主，都高居宰相之位，被人称为"中国古
代最成功的权谋大师"。

冯道在《权经》求权篇中指出："无欲不得，无心难获，无术弗成。携
为上，功次之。揣为上，事次之。权乃人授，授为大焉。"这段话的意思
是：追求权力必须要有动力，要用心，掌握方法。上级的提携最关键，不
能把做事立功放在首位，而要把追求权力放在首位。权力是别人给的，
将给权的那个人揣摩透最为重要。

在美国，也曾有好事者采访过美国升得最快的 10 名 CEO，其经验
也与冯道的观点暗合：揣摩上级的意图，替上级着想，围绕上级的目标
工作。

冯道在《权经》争权篇中又指出："权乃利也，不争弗占。权乃主也，
不取弗安。愚不与智争也，弱不与强斗也，长不与少绝也。明争为下，暗
争为上焉。进求为下，退求为上。"冯道在争权方面可谓大师，职场中不
懂权力之道而被莫名其妙踢出去的专业人士比比皆是。

在十多年前，我曾经进入过一家世界 500 强企业，负责管理进口采
购部门，没想到陷入了领导的权力之争，并且成为了一颗被利用的棋子。

那场争斗的起因是公司换了总经理，原先的美籍华人总经理回美国
了，由一个做过某大型国企副总的同行空降过来当总经理。于是，大部
分中层经理顺应形势，尊重权力，对新来的总经理还是比较配合。可是，

我们采购部的经理却很不以为然："他一天也没在外资企业干过,凭什么领导我们?"于是,在经理会上两人时常擦出"火花"。采购经理毕竟经验丰富,所以每次争论的结果往往是采购经理获胜。

这时候,我和另外一个主管通过招聘进入了采购部,分别担任进口科和国内原料科主管。进入公司一周左右,总经理就来找我谈话:"你觉得采购部怎么样?"我便回答:"还好吧。"总经理的声音里充满了疑问:"还好吗?"我只好说:"要说问题也不是没有。"总经理便说:"那好,你去写个采购部重整计划。"

我走出总经理办公室,感到十分困惑:我又不是采购部负责人,为什么要写这个? 于是我第一时间进到我的顶头上司采购部经理的办公室汇报谈话内容,这点职场规矩还是懂的。何况采购部经理以前就是我的客户,我进采购部还是他作了引荐的。总经理仍然隔一段时间就越级找我去谈话,谈话内容有时就像聊天。即使每次我都会向经理汇报谈话内容,可他还是忍不住把我视为竞争对手。客观上有两个原因导致他产生危机感:一是他是所有中层经理中唯一不会说英语的,开有老外参加的经理会需要带翻译;二是知道我以前在可口可乐做过原料采购,对国内采购那部分也很熟悉,来之前又是某公司副总,在采购业务上没有问题。再就是总经理的意思也太明显了!

这位采购部经理对我由猜忌到拆台,引起我的对抗,最终由于我手下某个采购员出了高价采购问题,采购部经理被总经理追责,离开了公司。至此,斗争的结果演变成经验丰富的采购经理被总经理清理,换了一个没干过采购的仓储经理兼任采购经理。该仓储经理以往的光辉业绩是:盘仓库盘出 400 万元多出的配件。配件是我这个部门负责采购的,经常是明明到货了,仓库却说没收到,硬让我们去找供应商索赔,居然"索赔"回来 400 多万元的货! 这种牺牲公司业绩的权力斗争对企业所有者来说就是一种欺诈。

如果企业一把手不是企业家本人，那么由于相应人才的稀缺性，这种一把手往往对业绩没有太大的压力。一把手"做事像一把手"比真做事更重要，这就是冯道所谓的"功次之"、"事次之"。

有一家位于广东的大型国企，引进我们的咨询项目已经有一段时间了，方案开始进入实施阶段。我提出要求去旁听他们的各种工作会议，以进一步了解实施中可能出现的问题。某日一大早，我就和公司董事长及集团副总驱车去下属某子公司。据了解，董事长对各个子公司的工作非常关心，几乎每天都在几个子公司视察，工作忙碌得不得了。

我们到达子公司，子公司领导已经像往常一样在门口迎接。会议开始，首先是子公司领导汇报工作，然后是董事长对他们的工作提出批评，最后是集团副总提出批评意见。形式上非常正式，批评也比较严厉。但有趣的是，这三个人说的内容都互不相干。就算是三个人在闲聊，要把话说得互不相干也是非常困难的事情，而他们居然做到了。这样开会当然问题依旧，没有责任人、解决计划、时间表，以及汇报结果时间。然后，会议就结束了，大家去吃饭，董事长以"我们都是国家主人"的风格，要求简朴，可旁边的我感到浪费巨大。这种浪费来自公司高管"在其位而不谋其政"，每天只是扮演一个高管的角色。

以上行为看起来不像欺诈，而在企业中却有很多这样不像欺诈的欺诈天天在发生。上面这种由一把手造成的欺诈行为给企业带来的损失不仅最大，而且很难被发现。

销售对外对内都是误导高手

有一种欺诈叫销售。把好的产品、好的品牌、好的价格卖给蜂拥而至的购买者的销售不叫销售,叫送货员、收款员。好的销售总是能把那些不太好的产品、不太好的品牌卖出好的价格。靠的是什么?靠的是极强的误导能力,即欺诈能力。作为销售,这种同时被经验派和学院派研究多年的"欺诈",其方法的系统性和完整性是一般的欺诈所不能比拟的。

首先要研究自己的欺诈对象:消费者。他们的收入、家庭、购买因素、购买决策者是谁,等等。

其次,通常作为欺诈机会的信息不对称是天然存在的,即卖方总是比买方更懂产品。如果产品太透明,譬如牛奶,就弄个不透明的产品出来,直到有好事者发现其中有不利于健康的添加物才被识破。

在营销上,利用明星做广告,美其名曰:利用意见领袖的作用。这更是一种明目张胆的欺诈行为,误导消费者往高端、大气、上档次上不断联想。

通常情况下,销售员们并不仅仅把自己的欺诈技能用在对外销售上,在内部被管理的过程中,有意无意地运用欺诈技能给自己带来利益也是销售管理中的常见现象。

销售员欺诈的动机可能有几个方面:一是夸大自己的销售能力,二是隐藏市场潜力,三是让公司对自己形成依赖。

显然,销售员的管理者必须也干过一线销售,否则很难说服他们接受任何有利于公司管理而不利于销售员自己的方案。他们有 N 种理由说"NO"。同时,也说明对销售员的管理必须包括过程管理,如果只考核结果,不对过程进行管理,必然导致以下结果:

结果一,尾大不掉。做过工业品销售管理的领导都知道管理那些明星销售员之难。有的明星销售员拍老板的桌子,老板却不敢怎么样,因为市场在他们手里,一旦他们离职,可能造成业绩的动荡。这也是明星

招聘

招聘"首席欺诈师"
要求：
善于不说谎式误导，
善于隐藏自己，善于说一半
藏一半，能够熟练运用
三十六计、孙子兵法、
鬼谷子等招数创造利润，
长相：必须有一张扑克脸

销售员能吃定老板的关键所在。客户资源在销售员手里，在一个不正规的市场里，不是谁都能接手的。

结果二，市场失控。大多数企业采用的是分片式销售，即各个销售员负责一个片区的销售。如果该企业不是像可口可乐那样在一开始就运用客户卡之类的方法把客户信息牢牢掌握在手中，其结果就是领导者自己都不知道哪个片区的市场潜力大但销售员没做好，而哪个片区的销售员很优秀，已经把市场开发得差不多了。于是，企业也就不知道下个阶段该朝哪个方向努力。

结果三，成本高昂。销售员没有说真话，其结果不仅是对这个销售员的管理失控，更是对整个地面销售队伍的管理失控。曾经有一家著名企业的新产品上市，一年之中，广告费花了 1.7 亿元，销售额却只有 1.2 亿元。我听到这家负责产品上市的销售总监说：一定是你的地面部队说了假话，连该铺的货都没有铺到位，才会导致结果差异那么大。

如果有一个销售高手坐在你面前忠厚地笑着，千万不要低估他的"诈商"。那些只有对欺诈洞若观火并善于误导的人，才可以称为销售高手。

采购欺诈

当我拜访上海某民营电子企业时，对方的老板正忙着在桌前审批采购申请单。我问他，你审批通过的理由是什么？他抬头看着我回答："没理由，我就是一个机器人，来了我就批。我当然知道其中有不少的猫腻，但我不可能一一鉴别。我的方法就是采购员过一段时间换一批，尽量用自己信得过的。"

采购员是一个最容易让人堕落的岗位。我曾眼看一个单纯的大学毕业生，干上采购员不到三个月，就一副颐指气使的样子。在中国的商业环境里，能做到不收回扣的采购员凤毛麟角。正因为这样，企业领导对采购员的信任度在企业的各个岗位中也是最低的。一方面在外面有诱惑，另一方面在内部很难得到信任，岗位流动性也很大，因此采购员发生欺诈的概率高也就不足为奇了。

采购员为收取回扣隐瞒市场价格的事件层出不穷。我在某世界500强企业管理设备采购部门的时候，有一个采购员采购回来的日本NHK轴承总是价格偏高。工程师去代理商处询价，不是不报价，就是报高价。而且这些货还不是从NHK直接代理商那里拿的，而是从另外一个配件代理商那里进的货。我知道这个情况后，从档案中收集了近两年有关NHK轴承的订单，把其中的型号做了汇总，让市场上认识的五个商家去直接代理商处询价，结果发现我们的采购价高出3～10倍。最后，采购员和负责经理都因此离开了公司。

还有一种动机更隐蔽，就是和几个供应商串谋围标。这方面我在做工业品营销咨询的时候，也帮助客户策划过。这种方法不仅仅要搞定采购员，还要提前搞定设计师，甚至评标专家组成员，其情节不亚于谍战大片。

采购员对内也有欺诈动机。有一次，我帮助一家药业物流的企业做采购咨询，发现总共有2500种药品，却有860种不能按时买回。我感到十分奇怪，而老总对此也很头疼，让我先解决这个问题，再解决成本问题。沟通会上，采购员都说很难采购，于是我说，请把这860种药品的品名报给我，我来采购。会场上安静了下来，采购经理开始说话："其实也不是买不回来，就是因为财务部由老板娘负责，每次审单很麻烦，于是我们就把订单变成了紧急采购，这样她就不审了。"

作为采购人员，日常工作中有三分之二精力是在应付内部沟通问题,有上述来自老板娘的审单,更多的是来自原料使用部门的沟通,甚至投诉。采购就像一支足球队中守门员的角色,进球基本没有他们的份儿,输的球几乎都是从他们这里过去的。如果采购员不能在专业上出类拔萃,那么往往就会成为公司内被投诉最多的人。

当然,运用欺诈来回避问题绝对不是一种正确的方法。不可否认的是,采购员也很善于运用自己在商务上的欺诈能力来应对各种内部问题。

你抓不到我的问题,除了我自己

企业中的专业人士也会利用信息不对称来回避业绩管理。

当人力资源部在推动绩效考核时,面对专业部门常常有力不从心的感觉,毕竟对方是专业人士,意味着在各自的领域拥有绝对的优势信息,而人力资源部是信息弱势的一方。自从人力资源部诞生开始,其就被赋予了过高的期望,负责公司员工的招聘、使用、培训、薪酬福利及员工关系,承担着公司人力资源发展的职责。但人力资源部所有工作的成果基本都体现在人力资源部以外的部门,对业务部门业务的不熟悉让人力资源部很难尽到责任,有时不得不依靠外部咨询公司的帮助。下面就是外部顾问与业务部门主管沟通的一幕:

主任:质量不是由我们决定的,是由销售部门决定的。

顾问:为什么?

主任:订单的批量不同会造成质量差异,批量小,质量就会下降。

顾问:绩效考核考的是主观方面,不考客观。我们可以把不同批量归为几类，考核在同类批量的情况下，优质品率的提高情况。

　　主任：产品质量不仅跟批量有关，还跟温度有关。

　　顾问：那也一样可以分类。

　　主任：还跟湿度有关。

　　顾问：温度？湿度？那就是一年四季都不同喽？

　　主任：是的。

　　顾问：跟刚才一样，我们只需要把客观条件固化下来，就可以考察主观努力的情况。我们把你说的设为四个季度，我们只考察每一季度的同比优质品率提高情况。

　　主任：那也行。

　　主任的上级是子公司总经理，不是每一个总经理都能应付主任的狡辩的，因而主任可以凭着自己的"聪明狡猾"，在一个"缺乏压力，问题都是其他部门问题"的宽松环境里工作几十年。

　　绩效欺诈的发生动机在于绩效直接关系到部门和个人利益，而这方面利益在当事人来说是越大越好，这和制定绩效制度的管理者要求将部门或个人绩效与公司绩效挂钩的动机天然存在冲突。

　　绩效欺诈发生的机会也是天然存在的，被考核方知道的有关考核方面的信息永远比考核方要多。其中的信息不对称天然就存在。当管理者始终处于一种信息不对称状态的时候，管理到位就成为了一句空话。

　　以职能部门（人力资源部）为主导推动绩效管理本身就是不对的，主角必须是业务部门，人力资源部只能是辅助部门。否则，仅业务信息不对称这一点就会让绩效管理难以落地。

欺诈定律

古今中外研究欺诈的理论众多，不论是想学欺诈的，还是想学反欺诈的，看起来都会觉得头疼。这背后有没有一条共同的定律，只要一句话就能说清楚的呢？

本书中所述的欺诈定律确实受到美国人杰夫·克莱斯勒所写的《欺诈原理》一书的启发，虽然他在书中并没有写出任何欺诈的规律，但他的书名启发了我对欺诈规律的思考。发现欺诈定律不是偶然的，而是我20年职业生涯的思考结果。

1993 年，我进入期货公司做期货经纪人，虽然这个"期货公司"是要打引号的，因为很多现象让人怀疑它的期货订单是否确实下到了美国芝加哥的期货交易所，但我有两个收获：一是知道了什么叫误导行情；二是在研究分析模型时，结识了泛系论的创立者吴学谋教授。第一个收获让我了解到期货行业里面存在着大量利用信息不对称操纵行情的灰色欺诈，以及当时明目张胆的期货公司内部对敲订单的非法欺诈。而结识吴教授后让我知道，哲学是可以拿来用的。这也为我后来大胆抛弃管理工具，投入研究经济学理论在管理中的实践打下了基础。

离开期货公司后我分别进入武汉可口可乐公司和百威啤酒公司做采购和采购管理。采购应该是面对商业欺诈最多的一个职位。在环境不好的时候，必须能够做到与"狼"共舞，才能满足生产的采购需求。采购管理更是一个充满挑战的岗位，同时面临来自外部和内部的欺诈行为。我看到过一种同样型号的阀门有四五个不同的等级，最差的产品只是刷了一个涂层就冒充不锈钢；也看到过含重金属的山西片碱冒充天津片碱用于食品行业；更参与过充满正常欺诈误导的商业谈判。在那段经历中，我平均每天见 3 个供应商，需要设圈套迅速判断其诚实度，开除过每个月拿 1500 元工资、每年索贿却高达 50 万元的采购员。

2002 年，我在美国读完 MBA 后进入了管理咨询业。这依然是一个充满欺诈和过度包装的行业。刚进入一家小型管理咨询公司不久，我就被老板要求改名，只因为他嫌我的名字不够响亮。至于客户最关注的以往案例，老板说走过的路过的都算。作为一家起步不久的小公司，作为一个信息严重不对称而客户自身也不够成熟的行业，这些欺诈无可厚非。其实在管理咨询行业工作的大多数人可能并没有意识到自己的工作会涉及误导客户，也就是欺诈。

但从管理咨询公司的商业模式和运作过程来看，一个整体的欺骗模式已隐约浮出水面：公司过度包装、流水线式操作、文案结果导向。其中可复制性很关键，这就决定了咨询公司可以低成本、高效益运行。可复制性的关键则在于管理咨询工具和模板。

在美国读 MBA 的时候，笔者感觉最靠得住的课就是管理经济学，算得很过瘾，结果很确定。考试前，老师问我是否有问题，我很自信地回答："没问题。"老师问为什么？我回答："因为我是中国人，中国人擅长数学。"老师笑着表示认可。可是，回到企业管理实践中，却发现最没有用的就是这些可以计算的课程。问题在于,可以计算的前提是信息对称,而在管理实践中,除了生产线现场管理,几乎没有信息对称的地方。管理咨询中用到的管理工具也存在同样的问题,越是看起来很好用的工具,越是漏洞百出。与其说这些工具是在帮助客户做管理工作,不如说这些工具是在帮助没有什么管理经验的顾问忽悠客户。而很多客户确实被忽悠住了,刚开始接触就问我们有没有什么工具,是否可以先介绍一下。在这里,笔者并不是否认经济学在管理中的应用,相反,我认为目前管理中最有效的方法论就是来自经济学的理论,尤其是2001年诺贝尔奖经济学获得者提出的信息不对称理论。

欺诈定律

作为一条定律,应该是能被推理出来的,无论是用演绎推理还是归纳推理;或者是可以通过反证得到证明的,至少要知道这条定律没有例外。从社会学角度证明没有例外真的很难,就像"帕金森定律"和彼得原理,只是列举了一些现象,远没有达到穷尽的程度。

在这里,我真的很羡慕孔子、老子这些先贤,他们只需要说出来一些道理,不需要证明什么,就被奉为神明。老子说:"夫唯不争,故天下莫能与之争。"你不去争论,就没有人争论得过你。还有"治大国如烹小鲜"、"道可道,非常道",这些定论性的内容都没有案例证明,老子甚至连那五千字的"道德经"都懒得写,认为写出来的文字就有偏颇。如果按现在MBA论文的写法,五千字的"道德经"用五十万字也证明不完。文字有偏颇,案例的偏颇更大,因为案例的背景各异,了解的深度不同。证明一条科学定律,只要在实验室内就可以完成;而证明一条社会学定律,从合理取样到证明几乎是不可能完成的任务。

如果欺诈是有规律的，那么发现这种规律的人必在中国。中国有着五千多年的文明史，孙子、鬼谷子、老子、韩非子等方法论大家在自己的著作中或多或少地都对欺诈的使用做出过经典的论述，其思想内涵早就不局限于士大夫阶层，而是散落至民间陋巷，现在还在农村牲口交易市场应用的袖笼谈价就是一例。

上文已经说过，欺诈的定义是，有意识地误导对方产生错误认识以获取利益的行为。而有两种情况可以产生错误认识：一是所知信息不完整，二是判断错误。其中，判断错误是主观行为，其他人的误导不能起决定性作用，只有信息不完整才是有可能受他人绝对控制的。错误或残缺的信息会使人产生错误的认识，从而导致受骗。

2001年，加利福尼亚大学的乔治·阿克洛夫（George Akerlof）、斯坦福大学的迈可尔·斯彭斯（Michael Spence）和美国哥伦比亚大学的约瑟夫·斯蒂格利茨（Joseph Stiglitz）三位经济学家，因在不对称信息市场分析方面所作出的开创性研究而获得诺贝尔奖经济学奖，颠覆了经典经济学以假设信息对称得出的一些理论结果。其倡导的信息不对称理论（asymmetric information theory）是指，在市场经济活动中，各类人员对有关信息的了解是有差异的，即交易双方或多方，总有些人掌握更多的信息。掌握信息比较充分的人员，往往处于比较有利的地位；而信息贫乏的人员，则处于比较不利的地位。

该理论认为，市场中卖方比买方更了解有关商品的各种信息，掌握更多信息的一方可以通过向信息贫乏的一方传递可靠信息而在市场中获益，买卖双方中拥有信息较少的一方会努力从另一方获取信息。市场信号显示在一定程度上可以弥补信息不对称的问题，信息不对称是市场经济的弊病。约瑟夫·斯蒂格利茨认为，要想减少信息不对称对经济产生的危害，政府就应该在市场体系中发挥强有力的作用，他尤其欣赏中

国政府在经济危机中的主动作为。

这一理论为很多市场现象,如股市沉浮、就业与失业、信贷配给、商品促销、商品的市场占有等提供了解释,并成为现代信息经济学的核心,被广泛应用于从传统的农产品市场到现代金融市场等各个领域。但是,其在管理方面的运用,例如在合同理论方面,仍然局限于靠无力的激励来让供方披露更多信息。实际上,由于供方不告诉买方关键信息更容易获利,靠合同激励条款的办法基本上是无效的。

我在研究采购及价格分歧时,就关注到信息不对称给采购管理带来的问题和机遇。当我研究欺诈时,信息不对称原理便自然而然地跳进了我的脑袋里。

用信息不对称理论提炼出的欺诈定律表述如下:**所有的欺诈行为都是利用现有的信息不对称或者制造新的信息不对称来达到误导对方的目的。**

欺诈定律要想得到证明,用归纳推理不可能穷尽,演绎推理缺乏立足点,只能通过反证:如果欺诈方和被欺诈方信息对等,欺诈方能否误导被欺诈方产生错误认识,从而使自己得利? 有人会说,这是可能的,他们认为那些受骗的人要么是太贪心,要么是骗子利用了某些心理学原理。我同意存在这些因素,但如果当事人能够无成本且足够快速地得到相关信息,那么他们就不会受骗。

2012年,我要对一个网站进行百度推广,百度销售员打电话过来催促我这个月就开户。我说下个月吧,网站还没有做好呢。他说最好先开户,因为这个月是百度10周年优惠。我当即在百度搜了一下百度10周年,告诉他,10周年应该是2009年。他辩解,是百度推广10周年。我再答,百度推广10周年是2011年。他尴尬地说,看来骗你不容易。由此可以看出受骗的主要原因,一是获取相关信息成本太高,二是获取信息的速度不如欺骗来得快。如果这两点解决了,欺诈是不可能实现的,即你误导我产生错误认识的每一句话、每一条信息我都可以迅速地进行无成本的验证,你从何骗起?

由此,可以得出欺诈操作规律:

1.发现信息不对称,并利用之;

2.制造复杂,形成新的信息不对称;

3.控制信息渠道,让对方只知道自己想让他知道的那部分信息;

4.让信息不可验证,或验证成本足够高及时间足够长,足以完成欺诈过程;

5.任何扰乱对方信息判断的措施。

2002年,我正在美国读MBA,信息管理课的尼泊尔裔老师每天上课前喜欢讨论当天的新闻,并把一些重要新闻打印出来让我们分析。其中一篇新闻写的是总部位于休斯敦的安然公司破产倒闭。按照新闻描述,安然这家公用事业公司采用的欺骗手法可谓精心设计,运用上千家资产负债表外的合伙公司来掩盖其巨大的亏损,制造足够的复杂消息让普通投资者难以验证真假。作为一家上市公司,对公众的信息披露主要是通过财务报告的形式来进行的。我们不妨分门别类地来看看安然究竟是如何在财务信息上做假的。

收入操纵类财务欺诈手法:

● 过早记录为收入(利用业务细节的信息不对称)

● 虚构收入并加以记录(直接造假,利用验证困难)

● 借助一次性或不可持续的业务来夸大所得（利用未来业务的信息不对称）

● 运用其他方法来掩盖成本或亏损

现金流类财务欺诈手法：

● 将融资活动的现金流入转为经营活动现金流（利用财务报表的缺陷）

● 将正常的经营活动现金流出转为投资活动现金流出（利用财务报表的缺陷）

● 借助收购或处置业务来夸大经营业务现金流（利用财务报表的缺陷）

● 借助不可持续的业务来夸大经营业务现金流（利用未来信息不对称）

核心指标类财务欺诈手法：

● 提供那些夸大业绩的误导性指标（利用验证困难，直接欺诈）

● 通过歪曲资产负债表指标来掩盖经营下滑之实（利用验证困难，直接欺诈）

欺诈发生的条件

我读过一位朋友撰写的博士论文，题目是《关于国企高层激励》。我便建议他说，股权激励一定程度上讲并没有改变可以轻易获得非法利益的格局，贪污动机仍然存在，贪污的机会成本仍然很低，那点股权激励远不足以阻止贪污利益的诱惑。而解决办法有：加大激励比例（由于国企高层由国资委组织部任命，实际不可能加大激励）的同时，增强内控措施,提高犯罪成本,加大惩罚力度,形成威慑。

由于当时他的论文已近完成,自然不会因为听了我的建议再进行大幅度的修改。因为论文合乎表面的逻辑远比是否合理重要,何况其动机在于论文通过就行。做任何事情都有动机,欺诈也一样。

一个欺诈行为的形成涉及多种因素,我将其归纳为以下五个方面。最终能否形成欺诈行为,是这五个方面综合平衡的结果。

第一,动机。

没有欺诈的动机,即使有再好的机会和欺诈能力,也不可能形成欺诈行为。

作为人类,欺诈的动机往往从小就被培养出来了。面对一个两三岁的小孩子,成人最喜欢逗他玩的游戏就是变戏法,这是典型的误导欺诈。而当小孩子能够识别变戏法,并且自己会玩时,大人们往往会夸赞他聪明。

当孩子长大后,就再也没人会夸赞他善于误导别人的能力,但擅长此道者成了企业家、CEO、CFO。他们制订出国家发展愿景、企业成长愿景,引导着团队向着自己的成功之路跃进;同时封锁不利于自己的信息,隐瞒预算和非预算开支,甚至于做假账、偷税漏税,并对员工不断做出虚假承诺,给员工虚假的安全感和归属感。事实上,没有哪个老板或CEO会诚实地对员工说:"目前我们雇你是因为没有更好的,一旦有了更好的人选就会让你走人。你在我们公司工作的稳定性与我们的招聘效率成反比。"我曾见过一个最诚实的日资企业CEO(日本人),对已经在自己工厂干了10年的操作工说,公司发展会保障你们未来5~10年的工作。确实,过了10年,这些靠体力干活的个人几乎必然会失去竞争力。

不是所有的动机都像街头骗财那么明显。在个人或团体发起欺诈

行为时,动机常常是多方面的,马斯洛需求层次理论①中的五个层次是宏观意义上的,如果具体分析的话,包括军事获胜、体育竞赛获胜、企业竞争战略突破、财、情、色、自尊、业绩、升迁、奖金、工资、家庭、隐私等等因素都有可能成为欺诈的初始动机。

笔者最近拜访了某家行业龙头企业,见到了董事长、总裁、分管副总裁、总监。面谈后,联系人发来邮件说分管领导对我的采购管理观点印象深刻,希望能先做个诊断,再提项目建议。过了几天,在签好保密协议后,他们综合管理部负责联络的人告诉我这个项目现在由采购部总监负责,于是再也没有了下文。

同样的情况发生过多次。原因是什么? 是管理者在分派任务时,没有考虑到执行者的动机是否和任务相匹配。采购管理咨询之所以效果明显,却一直没有在国内推行开来,原因就在于此:咨询公司做得效果越好(降成本、控质量、到货时间准确),就说明采购部以前做得越不好。经理人和顾问都是凭自己解决问题的能力赚钱的,任何一方承认需要对方的帮助将被认为自身能力有所不及。只有最好的经理人和顾问才能伟大到承认他们不能凭一己之力完成任务。因此,管理咨询公司通常会避免做那些能够立即看到效果的咨询,因为那些既能解决实际问题,同时又能提高绩效的咨询往往会和客户原有团队发生严重冲突。除非是一些企业原本没有做过的工作,如营销策划、精益生产等。但采购员不一样,他们本身在做采购、在谈判,突然来了一帮比他们做得更好的人,等于在往他们脸上抹黑。回到刚刚的案例中,那个采购总监欺诈了吗? 可

---

① 马斯洛需求层次理论(Maslow's hierarchy of needs),亦称"基本需求层次理论",是行为科学的理论之一,由美国心理学家亚伯拉罕·马斯洛于1943年在《人类激励理论》论文中提出。该理论将需求分为五种,像阶梯一样从低到高,按层次逐级递升,由低到高分别为:生理需求、安全需求、社交需求、尊重需求和自我实现需求。

以想象，他一定想了不少并不客观的理由说服领导没必要做采购咨询，或者等着领导忘掉那件事。他是存在欺诈领导的动机的。

所以，正确的做法应该是由综合部负责牵头这个采购咨询项目，没有利益冲突，才会有正确的动机。或者作为第三方，把任何能产生效果的咨询都改为培训。其效果只能依赖于听课的采购员有足够的意愿和能力去实施，而这些个人意愿和能力往往占了采购管理成功因素的50％。这也是为什么绝大多数管理咨询公司只做那些在项目过程中看不到明显业绩提升的咨询项目，只锦上添花，而不愿意雪中送炭。那么咨询公司这种行为算不算欺诈呢？至少他们有欺诈的动机。

当然，即使有欺诈的动机，也不是每一个动机都能引发欺诈行为的，还要具备以下几方面条件才行。

第二，机会。

欺诈的机会有现成的，但大多数是人为创造出来的。根据欺诈原理，欺诈的机会来源于以下几个方面：

1. 存在不对称信息：总有一些信息欺诈者知道，而被欺诈者不知道。

2. 制造了新的复杂信息：本来信息是对称的，但欺诈者凭空制造出了新的不对称信息。

3. 信息验证困难或不可能验证：在现场，被欺诈者最难做的是信息验证，一是成本问题，二是时间问题。此外，还有可能是在情感上被对方拿住，自己不好意思验证。

我曾在培训时举过一个例子来说明制造新的不对称信息所能达到的效果。在高中时，我在学校里寄宿。一次我单独回宿舍，看到旁边同学的床上放着一铁盒新买的饼干。当这位同学回来后，我只是动动嘴巴，就让他认为这盒饼干真的是我的，并亲手送到我这里。很多人觉得这不可能。其实，我是做了一个新的不对称信息来达到自己的目的：趁宿舍里没人的时候，拿起那盒饼干在铁床架上磕出一个凹痕，再放回他的床上。同学回来时，看到我躺在自己床上看书，他便拿起那盒饼干。我说："饼干好像是我买的吧。"他说："怎么可能？"我说："哦，我也刚买了一盒，我那盒的下面有个凹痕。如果没有就是你的，你看看吧。"他一看，果然有一个凹痕。当他把饼干盒递给我，看到我笑时，才知道上当了。在这里，饼干盒上的凹痕就是我新制造的不对称信息，我知道，他不知道。

绝对的信息垄断是"我知道，而你永远不知道"；相对垄断是对方会延迟知道，或者需要付出一定的成本才知道，或者对方不打算去验证。

在任何一个信息不对称的行业，只要监管出现问题，就一定是一个骗子聚集的行业。中国乳业就是一个典型的例子，以致按蒙牛董事长宁高宁的说法，不做假就要亏本。食品行业之所以会出现那么多问题，就在于其原料和生产过程对一般消费者而言是不透明的。在监管不到位、信息不对称的情况下，符合了诺贝尔奖理论中逆向选择和道德问题必然会发生的结论。还有一些行业的利润已经低于税收标准，不偷税就别想继续做这个行业。在这里，税收本身成了复杂信息的制造者：偷税漏税查得是否严？罚款是否规范？都是不透明的。在这种情况下，偷税成为行规，不偷税等于找死。这完全符合发生逆向选择和道德问题的理论。

有些行业是通过制造复杂、形成不对称信息来达到欺诈目的的。因此，千万不要相信那些你不理解的人和产品就是避免落入复杂陷阱的法则。例如，在2008—2009年间爆发的中信泰富巨亏事件①中，就有人评论道："中信泰富，又一家中资企业成为复杂衍生产品的牺牲品，无疑是让人痛心的。中信泰富签订的这类合约，在金融学上被称为奇异衍生品，含有复杂的'敲出障碍期权'、'双外汇选低期权'与'看跌期权'。这些产品，从定价到对冲机制上都很复杂，一般实体企业或机构投资者根本不知道这类产品应如何估值，不知道如何计算与控制风险，因此很容易在高价买进这类产品的同时，低估其潜在风险。而作为交易对手的投资银行或商业银行，则拥有大量专业人才，对于衍生品的数学模型有着多年研究，充分掌握估值与风险对冲技术。因此，交易双方之间存在严重的知识与信息不对称。单从定价的角度考虑，与国际银行做复杂衍生产品交易，就好像普通人与乔丹一对一地进行投篮比赛。"②

制造复杂不是金融行业的专利。传统行业也有此间高手，上文提到过的将明明可以在采购环节解决的配件质量问题放到售后去解决就是其中一个简单的例子。为了体现其服务品牌，故意采购质量较差的配件，从而保证产品出厂后有一定的故障发生率，把很简单的采购行为变成复杂的售后服务行为。这样的行为既浪费了社会资源，也愚弄了消费者。

毫无疑问，欺诈的机会就来自于信息不对称。

第三，风险。

诈骗犯所要承担的风险就是坐牢，而相比之下，体育比赛规则内的欺诈（例如假动作）带来的风险几乎为零，除非欺诈失败（丧失得分机会）。

---

① 中信泰富巨亏事件，指2008年10月20日中信泰富首次披露持有超过百亿澳元的累计期权，并于2009年3月25日经香港商业罪案调查科搜查取证，中信泰富公布2008年度业绩，其净利润亏损126.62亿元，其中澳元累计期权合约亏损146.32亿元。
② 黄明：《防范复杂衍生品陷阱》，《财经》2008年10月第223期。

对于企业组织内部的欺诈风险来说,依据欺诈内容带来的风险各有不同,但其成本大都超过不欺诈带来的显性成本。

对经营过程中外部谈判运用欺诈带来的风险依据谈判方地位决定,一次性合作风险小,反之风险大。B2B(Business to Business)风险小,B2C(Business to Customer)风险大。机构对机构的合作失信,往往只涉及这两个机构,如管理咨询对企业,属于B2B,做得好不好在企业之间的传播性不强,影响不大,所以造成咨询行业知名度比美誉度重要:做砸几个项目没关系,有关系的是咨询公司在业内的整体知名度。而企业对一般消费者的失信,属于B2C,由于媒体的作用(媒体通常会认为这比对一个机构的影响更有新闻价值),会影响到几乎所有消费者,如三聚氰胺对中国乳制品行业的影响。

在企业采购过程中,作为采购方有时也会因为欺诈带来巨大的风险。通常人们会认为欺诈只是来自于供应方,因为供应商拥有更多的市场信息。其实,采购方同样拥有一些供应商不知道的信息:其他供应商的报价及条件、己方的时间底线、己方的决策人是谁,等等。有时采购方会利用这些不对称信息去压价:既招标,又通过议价进一步压价,其间的谈判技巧,往往就是欺诈技巧,充满了误导。但盲目压价的结果往往是质量差的供应商中标。曾经听客户抱怨某工程供应商又停工要求加价,理由各种各样。我问是否在招标时压价过狠,客户说是的。这就是采购方欺诈的风险,当初通过欺诈误导压下来的那点价格差远不足以弥补后来在供应商停工威胁下的涨价及停工本身的损失。

第四,环境。

不是所有的环境都适合欺诈者开展欺诈的。从大环境上来看,当一个环境对欺诈者有足够的宽容度时,欺诈者会把欺诈当成成功的必备手段,不以之为耻,反以之为荣。

2010 年 7 月 12 日，保持沉默近一周的唐骏在接受《名汇 FAMOUS》杂志记者陈炯的电话采访时表示："有的人说我们这个世界上很多人靠花言巧语，你可以蒙一个人，那如果把全世界都蒙了，就是你的真诚蒙到了别人，你欺骗一个人没问题，如果所有人都被你欺骗到了，就是一种能力，就是成功的标志。"这种话只有当事人认为环境对欺诈的容忍度极高时，才说得出口。

在一家企业中，如果没有诚实的企业文化，像上面所说的，对欺诈宽容度高，就会发生劣币驱逐良币的现象，欺诈者得利，诚实者被排挤。企业文化就是一家公司的环境，它是一种做事习惯，也许难以发现其产生的源头，但其传播非常有效，一个新人进入公司很快就能感受到这种文化，要么适应，要么滚蛋。在餐饮业，由于操作环节多且分散，难以监督，容易发生内部员工偷盗行为。我曾经见过一个新建大酒店的餐厅后厨，有员工整箱地偷香肠，而采购名贵鱼类的则会把价格翻几倍。

当环境对欺诈的处罚非常严厉时，发生欺诈的概率就会大幅度降低。

食品安全在我们国家一直是个问题，几十年来似乎无解。2001 年，我在美国看到一则新闻，一个印度裔女孩子吃果冻被噎住，先是变成植物人，一段时间后去世。美国法院要求卖果冻的超市赔给受害者 1600 万美元，台湾的果冻生产厂家则要赔 1600 美元，理由是没有在果冻包装上标识可能噎死人的风险。超市立即就赔出了 1600 万美元，而台湾厂家还在打官司中。产品包装上没有标识，也许是厂家没有意识到，还算不上欺诈。而我们国家的食品安全问题：乳制品业的大头娃娃、三聚氰胺，农产品的农药超标，以及各种将工业级别的添加剂用于食品的行为，都是明目张胆的欺诈，后果严重，却没有一个处罚赶得上美国的果冻标识错误。

同一个人在不同的环境中，其行为表现往往会有不同。人性中有好的一面和不太好的一面，在不同环境里，哪一面更容易表现出来，是和环境本身有密切关系的。做过餐饮业的都知道，对内部偷盗的管理，对核心员工留用的管理都十分重要，也颇为困难。结果常常是监控成本高，效果不好。而海底捞就打破了这个怪圈，在充分放权的基础上，让员工自我激励，互相监督。大区经理有一百万元的审批权，端盘子的服务员有送菜给客人的权力。人性中好的一面被激发了出来，欺诈的动机就被全面压制。

海底捞的案例告诉我们，诚信的环境是可以被创造出来的。海底捞通过建立信任文化大幅度降低了欺诈的动机和机会。

　　海底捞的文化内涵：胡萝卜＋爱心抚慰＋前方的风景！

　　这样文化的具体操作形式：生活上良好的福利，加之操作上大胆地放权。

　　管理层：大区经理 100 万元，小区经理 30 万元签字权；普通员工：免单权（凡事皆可先斩后奏，但事后需说明情况）。

充分信任的结果是把大多数人人性中"善"（诚信）的那部分激发了出来。当有少数人还想做"恶"时，群众的眼睛是雪亮的，在海底捞管理过程中，互相监督的效果非常好。

第五，个人素质。

在个人素质中，又包括个人道德水平、胆识、"诈商"和表演技能几个方面。

首先是个人道德水平。在具备了欺诈的所有客观条件的情况下，欺诈发生的重要主观条件是当事人的道德水准。类比而言，其中的区别就在于：他是一个没有"武德"，到处出手的街头混混，还是武功高强，同时具有高尚"武德"、深藏不露的武林高手。

如果一个社会普遍道德低下，则会导致有道德的人也难以被信任。2003年，我在美国读完MBA回国找工作，其间猎头曾经给我介绍过两个全国采购总监的职位。面试后，都没有及时答复，我便去问猎头其中原因。两个猎头统一的答复是：他们认为你太懂了，不敢雇你。这让我想起在做采购员的时候，曾反复被公司副总的秘书追问：为什么仓库里还有硅藻土，还要购买？我解释说：硅藻土需要从美国进口，采购周期要3个月。最后，副总亲自面谈还是问这个问题。我很奇怪，我采购那么多品种，为什么老追问这个？后来才明白，按行规，硅藻土每吨要给300元回扣。可是到我这里，我很自然地拒收回扣。当时，供应商还以为我要换了他，老板亲自来电话询问情况。

个人道德在一个不好的环境里往往得不到认可，所以一旦具有更为可贵。

其次是胆识。有的骗局改变了我们的观点，有的却能改写历史，不管是小小的恶作剧，还是十恶不赦的欺骗，它们都有一个共同点：有些精力过盛、头脑发达的人想愚弄我们，哪怕一次也好。

欺诈需要胆识，因为骗局时时有被揭穿的可能，而其后带来的风险会给欺诈者极大的心理压力。只有具备足够的胆识，才能保证自然的表演。

作为反欺诈一方，应加大对欺诈的惩罚力度，增强"恐惧性"。在猫捉老鼠的游戏中，反欺诈始终占据优势资源，这对欺诈方始终保持压力。

有一部名为Catch Me If You Can，中文名叫《猫鼠游戏》或《逍遥法外》的美国电影。这部电影是根据真实故事改编的，其中的情节跟现实中发生的事情几乎相同。

由莱昂纳多·迪卡普里奥（Leonardo DiCaprio）饰演的主人公弗兰

克拥有扮演多种角色的天才能力,虽然是用在欺诈上,但最厉害的还是他令人惊异的心理素质。诈骗除了是一项技术活儿,更是一场心理战。行骗的人要是没有点过硬的心理素质,恐怕当场就会被人揭穿,更何况这位老兄行骗多年,而受骗的居然都是些响当当的所谓大公司、大人物。

弗兰克利用自己的诈骗天赋,冒充泛美航空公司的副机长周游美国50多个州和法国等20多个国家,伪造银行支票诈骗银行款项,甚至用假支票支付性交易,后又伪造证件摇身一变成为医生,在路易斯安纳州获得律师资格,当上检察官。几年间,弗兰克诈骗数额高达400多万美元。

汤姆·汉克斯(Tom Hanks)在剧中扮演奉命捉拿弗兰克的FBI警官卡尔。电影中有一个镜头是警官卡尔已经根据线报把弗兰克堵在了宾馆的房间里,用枪指着弗兰克的头,宾馆桌上摆满了犯罪工具。在这种几乎没有出路的情况下,弗兰克居然可以用一个什么都没有的钱包冒充卡尔的同行,还说卡尔来晚了,结果他再次逃脱,可谓胆识出众,反应奇快。

胆识是一个成功骗子的必备素质,与此相对应的是对欺诈的查处手段及处罚力度是否足够震撼,足以让骗子闻风丧胆。

再次是所谓的"诈商",即用于欺诈的智商。当欺诈者的"诈商"高于被欺诈者时,欺诈的风险就会变小。

欺诈是误导对方,那么反欺诈就是发现欺诈行为的一种能力。欺诈和反欺诈都需要高"诈商"。就像武术高手,练就了一身杀人的本领,却不一定会去杀人,反而会去救人。

"诈商"包括对机会的判断、骗局设计的精巧程度、对风险的控制能力,以及对欺诈对象的洞察力。

"诈商"有高低,但更关键的是相对性,自己"诈商"高,但对方更高,显然就不是理想的欺诈条件。想欺诈,却由于"诈商"不够弄巧成拙的事情比比皆是。一次欺诈行为的形成是需要"诈商"支撑的。同样，反欺诈也不是仅仅靠了解欺诈定律就能解决的，也需要高智商和情商才行。华尔街金融衍生物的设计中很多就是请中国清华大学等名校学数学或物理学专业的毕业生完成的。论计算能力，购买金融衍生物的客户很少能算得过他们。

兵不厌诈，在战争中，欺骗是最高级的战争艺术，"三十六计"中一大半计策涉及欺诈。只有具备最高"诈商"的一方才能取得欺诈的胜利。

最后是表演技能。在识破欺诈的技巧中，很大一部分就是观察对方的微表情和肢体语言。反之，作为一个欺诈高手则必须善于表演，善于隐藏自己的微表情，乃至练成一张扑克脸（poker face）①。

在我就职过的第一家管理咨询公司，因我本人擅长与客户交流，故经常被派出去谈单。后来，老板出去谈单也要带着我，哪怕过程中我一句话不说。对此，老板娘就有意见，同事也对我拿较高的奖金有意见。每次追问老板，老板总是摇摇脑袋避而不谈。而我自己清楚原因在哪里，在老板谈单的时候，客户那边大多是创业者，不乏经验十分丰富的人，他们的眼睛盯着的往往不是口若悬河的老板，而是坐在旁边的跟班，如果跟班的表情不对，耳根子红一下，就意味着我老板说得离谱了，这单就不签了。所以，一个有"扑克脸"特质的跟班就变得很重要了。

因为管理咨询的所谓系统、逻辑，在首次面谈中客户很难理解，于是他们更容易把注意力放到理解人的方面去。而本人在 10 年前做期货的时候就成功练就了"扑克脸"，那时候拜访一两百个客户老总才可能谈成一笔业务。之后的十年间我又做了多年的采购，想改掉"扑克脸"都很难了。

———————————

① 扑克脸通常指在牌类游戏中，拿到牌的人不动声色无面部表情的行为，在日常用语中引申为那种保持这种表情、喜怒不形于色的人。

八招破欺诈

了解欺诈规律是为了识破欺诈。善于识破欺诈这项技能在管理上十分重要和必要。但是,那些靠眼睛识诈骗的人形成职业习惯后就容易用在生活上,于是就会带来很多麻烦。因为每个人都会说谎,据统计,一个人平均每10分钟就会说一句谎话。因而当反欺诈成为职业习惯后,在生活中会不自觉地变得挑剔,难以建立人际间的信任。所以,对于靠眼睛反欺诈要慎学慎用。

那么,应该靠什么来识破欺诈呢?解铃还须系铃人,还是要从欺诈本身的规律去发现破解之法。在此,我总结了破欺诈的八套招数。

第一招:少看表情,靠推断

美剧《别对我说谎》(*Lie to Me*)的编剧就是识谎专家,不过他是通过微表情来进行识谎的。有很多专家通过微表情和肢体语言识破欺诈,并出过不少书。但是,像这样传授技巧的书籍和资料骗子也会看,结果骗子会更像骗子。有什么识谎术，能让骗子看了也无能为力呢？以下这些就是从主客观两方面来评估欺诈的可能性：

一看现状：是否存在对方知道而我不知道的信息？而且验证这些信息真假的时间和财务成本是否都很高以至于无法有效验证？所在环境是否容忍这种欺诈？

当企业从一家单独的小公司成长为拥有分公司的集团公司的时候，如果管理制度不够完善，信息不对称就会发生在公司的各个层级之间，也就是存在发生欺诈的基本条件。如果企业的管理岗位设计不合理，操作制度有漏洞，那么就难免会出现由于个人利益或部门利益问题而产生欺诈的现象。

二看主观动机：对方是否在主动制造复杂，让自己不明白？对方是否有意垄断了信息渠道让我无法验证？确定是否是欺诈，最终要看主观动机。上面说到企业内部存在个人利益、部门利益与公司利益之间冲突的可能性，这就是欺诈的动机。在有动机的前提下，欺诈行为的表现有：有意制造复杂，垄断信息渠道，直至用说谎来进行误导。

我曾经参加过一个客户的绩效面谈，当某分公司老总在汇报工作时，他并没有按照我们设定的格式清楚汇报销售额、利润、费用并进行偏差分析等，而是用了大段文字写了一个报告，第一段描述用了很多方法降低费用，在报告最后一段的结果中才说明费用远远超标，而销售反倒是超额完成了任务。这样的汇报方式明显是在故意制造复杂，以达到蒙混过关的目的。

第二招：建立相对优势信息

根据欺诈定律，任何欺诈行为都是从利用信息不对称开始的。同理，

反欺诈的首要工作就是消除信息不对称的可能,其次是提高验证不对称信息的效率,最后是制造反向信息不对称,掌握信息威慑的方法。

在企业管理中,管理者获取信息渠道的多样化是能够给下属带来信息威慑的关键,而信息威慑是保障下属汇报真实性的有效手段。在对外采购方面,信息威慑也占有重要地位。譬如:买 10 样产品,采购方懂 5 样,但供应商知道你懂哪 5 样,于是供应商就会在你懂的 5 样商品上不赚钱,而在你不懂的 5 样商品上报高价。另一种情况是,同样买 10 样东西,采购方可能只懂 1 样,甚至 1 样都不懂,但供应商不知道采购方懂多少。这时,采购方就可以采用信息威慑:你报价,如果我发现哪一样超出合理报价,其他所有商品都同比例下降,并且还要罚你。

第三招:化繁为简

温斯顿·丘吉尔(Winqston Churchill)曾说:"极致的单纯从极度的复杂中锻炼而生。"

企业领导天天开会听汇报,却不知道每一次汇报都会存在信息失真,越多的层级就有越多的失真。这种失真导致了上下级之间的信息不对称。

根据欺诈定律,形成欺诈主要是由于信息不对称的存在。所以,化繁为简的主要作用是减少信息传递环节,尽量将决策的权力下放到一线,简化汇报内容及流程,简化组织结构。在管理咨询项目中,最复杂、最耗神耗力的项目莫过于流程梳理,顾问需要到每个节点岗位去和客户的员工沟通,然后是无休无止的沟通会,最后达成一个妥协的方案。其实,一个组织的成长是有基本规律的,依照这些基本原则就可以有效地梳理组织架构。只是太简单的东西不适合管理咨询,因为顾问大部分靠工作时间拿报酬,而少有靠解决问题的程度拿报酬的。

在对外谈判等环节上,应该怀疑一切不能够化繁为简、清楚理解的东西,尤其是当对方有意制造出复杂而难以理解的东西的时候。

在《完美陈述》一书中,作为广告公司一员的乔恩·斯蒂尔描述了他和刚重回苹果的乔布斯精彩的会面过程:"乔布斯问候完后,苹果营销部的那位主管说:'史蒂夫,我们一直在介绍公司概况。''我保证他们说的都是废话。'史蒂夫对我们说。……史蒂夫在白板上画的一些方框内一边逐一画删除线,一边说:'在这几天里,我已经枪毙了这个、这个,还有这个……'最后只剩下两个方框。他转向我们:'我们只能做自己最擅长的事情。'此时,我真想谢天谢地,因为史蒂夫一直在说'人话',而那两位在旁边沉默无语的营销主管,之前却一直在用表格或是核心竞争力之类的天书折磨着我们。"

化繁为简是化解欺诈行为的大道所在,简单可以让不透明的信息变得透明,简单本身就可以提高工作效率。化繁为简本身是一项重要的能力,它结合了非凡的洞察力和简化事物的方法论:归类、相关性思考方法。

第四招:建立自己的信息伞

欺诈的核心要素是拥有被欺诈方所不具备的优势信息。反之,如果被欺诈方始终拥有自己独特的信息渠道,可以低成本且迅速地获取信息,那么就可以对欺诈方形成强大的信息威慑。

在伊拉克战争前,萨达姆·侯赛因对内镇压,对外耀武扬威,所依仗的就是大家都不知道他拥有什么武器。而美国前参谋长联席会议副主席欧文斯则说:"我认为信息革命能够导致威慑理论的变化。我可以对萨达姆·侯赛因说,我们有能力在伊拉克上空撑开一把信息伞,我能看到你所做的一切。如果你不遵守联合国决议,我们能够做到,而且也将这样做。只要我愿意,我就可以在美国有线电视网上播出我通过信息伞看到的一切,这样我就能告诉全世界。……重要的不是航空母舰的大小、空军的多少,重要的是我拥有智慧的多少,是我思考和运用信息伞的能力的大小。……信息伞可以代替核武器伞。"这就是信息威慑的力量。

作为企业同样需要这样的信息伞,即获取信息的渠道。不论是企业内部管理还是对外的经营活动,拥有独特的信息渠道,企业往往能不战而胜。这种思路随着电子信息及互联网技术的发展而得以实现,譬如第三代电子采购管理平台。其原理就是根据古代袖笼谈价的原理设计出来的互联网工具,它能够让采购管理者拥有更多的不对称信息。用现代理论解释,就是运用了囚徒困境等博弈论原理,让采购管理者拥有价格及质量方面的相对优势信息。

不妨讲一个我利用相对优势信息找回行李的小故事。所谓的相对优势信息,意思是指:我可能知道的和你一样多甚至不如你多,可你不知道我知道什么。

在一次管理咨询项目中,我临时去北京的公司开会一天,随后晚上赶回山东某项目组。当时,火车是晚上 10 点左右到达山东的,我坐出租车到达位于植物园内的宾馆,进房间准备洗浴时才发现把箱子遗忘在了出租车上,只带了随身的皮包,而且没有要出租车打小票。箱子里面有总价值 3 万多元的钱物。我急忙下楼到前台寻求帮助,这个宾馆是我们客户开的,服务人员很热情。我首先询问宾馆周围是否有摄像头,因为这是一个植物园,大门口就应该有,结果却发现所有的摄像头都是坏的。其次我问她本地有几家出租车公司,是否可以通过车上呼叫。我了解到本地有两家出租公司,只有不到一半的车上有呼叫系统。前台服务人员很同情地看着我,我知道在这种情况下找回箱子的可能性已经非常小了。

我认真思忖,忽然想到上出租车时,火车站有不少其他的出租车司机在我上车时与载我的司机打招呼。这是一个小城市,出租车司机之间比较熟悉。于是,来到火车站后,我第一时间打了110。警察过来后,司机们也纷纷围过来看热闹。我先把警察拉到一边告诉他:当司机围过来时,我们假装宾馆那边的摄像头是好的,你要调看。然后,我和警察便一起假装看火车站广场上的摄像头朝向,假装为明天调看录像做准备。大约过了半小时,宾馆那边打来电话,说出租司机把行李送过来了。

当然,情况也可能是司机起先没看见放在后座的行李,两小时后才看见。因此,我还是感谢了司机。但从另一方面考虑,我已经制造了另外一个不对称信息:对方不知道我是否拥有能够看到他车牌的信息渠道——有效的摄像头,从而形成了信息威慑。

作为企业管理者,拥有自己的信息渠道非常重要,只寄希望于日常汇报很难解决信息不对称问题。杰克·韦尔奇(Jack Welch)通过参加内部培训学校活动听取来自下层的意见,更多的CEO通过走动式管理了解情况,甚至走动式管理的时间超过了其在岗工作时间的一半。而未来的管理者将更多地通过互联网工具掌握更多的决策信息。

第五招:建立诚信文化

信任的前提是诚信文化的存在。在缺乏诚信的环境里,信任是一种冒险行为。根据中国社科院在2013年1月发布的《2012—2013社会心态蓝皮书》中披露的调查数据显示,中国社会总体信任指标进一步下降,低于60分的"及格线",出现了人与人之间不信任扩大化、群体之间不信任加深等新的特点,并导致社会的内耗和冲突加大。蓝皮书建议,要从制度层面建立社会信任机制，摆脱社会信任困境。①

信任在企业里面临以下两难选择：

第一种，处于信息弱势地位时去信任他人是充满风险的。信任是需要理由的，叔本华说过："不了解原委的信任，是一种偷懒行为。但验证信息的成本过高，过多地管控行为则会导致低效。"

第二种，原本认为信任是一种力量，愿意承受由于信任带来的损失，但过于普遍的欺诈行为让信任几乎成了一个笑话。

国外出版过很多有关信任的书籍，基本观点都是强调要敢于信任，强调信任带来的诸多好处。但在中国企业中，就需要重新掂量一下风险问题。在这方面，史玉柱曾经请教过柳传志。而柳传志的秘诀就是，首先要求员工说到做到。史玉柱认为这个方法很实用："因为我过去经常发生这个情况，我的部下向我拍胸脯，我下个月销售额一定做到多少，然后下个月没有完成，没完成好像也没啥。然后他又再往下个月拍胸脯。这样一搞就等于下面骗上面，上面再放一炮又骗下面。"

如果把信任、诚信作为一种文化来看，那么要形成诚信做事习惯，本身就需要从规范行为开始。严厉的惩罚制度必不可少，同时对诚信行为的奖励措施也要到位。对于文化习惯的变革，小打小闹是没有用的，必须通过震撼式的惩罚措施，才能达到改变的目的。当诚信、信任文化建立之时，在所有人的监督下，信息不对称难以发生，欺诈行为的基础就不存在了。

信任本身确实能够给企业带来巨大的利益。

---

① 王卫国：《中国社会总体信任水平低于及格线》，《南方都市报》2013 年 1 月 8 日第 A18 版。

第六招：善用欺诈与反欺诈人才

企业既需要内部反欺诈人才，同时又需要外部谈判善于误导对方的欺诈人才。这两方面人才具有类似的特征："诈商"高、善于制造不对称信息、善于表演、胆大心细、高道德水准。

英特尔前 CEO 葛洛夫说过："我们必须认识到，失去金头脑对我们意味着什么。"

经济行为是人与人之间稀缺资源的交换过程。所以经济上的权力问题，就是稀缺性的问题。那么，什么是稀缺资源呢？资本？风投公司遍地都是。人力？经济危机过后，劳动力过剩现象一直存在。所以，只有优秀的人才才是真正的稀缺资源。

现代企业的价值在于人力资源，这是无法占有的，它只存在于员工的大脑里。如果一个软件工程师跳槽了，他就会把他的"谋生工具"直接带到竞争对手那里。人才走了，公司的价值也随之降低。这就像在一级方程式赛车比赛中的角逐一样，各种品牌的赛车都差不多，但赛车手却是胜负的关键。

在企业管理行为中，有很多结论是人为造成的，但久而久之人们就认为理所当然了。譬如：人们普遍认为经理比业务员（销售、采购）的谈判能力强，而总经理一定比经理的谈判能力强，所以大的项目谈判一定要由更高层领导出马才行。这种职位上的假设通过岗位薪酬设计以及本身的名誉得以固化，大家就把它当成了理所当然的事情。但实际上，这一切都是可以改变的，尤其是当我们知道管理层和一线存在天然的信息不对称的时候，知道企业大到一定规模会陷入官僚模式的时候，以及决策权下放将成为一种必然的时候，让一线人员成为其业务方面能力最强的人就是必要的。至于薪酬、名誉等，则都是可以通过人为改变的。当移动互联网成为社会沟通的主流方式时，企业管理方式的变革在所难免。

我们知道，采购成本每下降一两个点，就可以提高业绩10％以上。我们看到一个小小的采购员负责数千万、数亿，甚至数十亿的采购额，却拿着少的可怜的工资，而公司为了防止发生腐败问题，每过一段时间就换一个新采购员，专业性完全得不到保证，这不能不说是一种非常不正常的现象。如果采购员承担的责任和能力要求与副总相当，为什么采购员不能拿副总级别的工资？高薪不光可以吸引高素质人才，而且能起到高薪养廉的作用，因为违约成本会提高。

实际上，在大多数层级组织中，最具有领导潜能的员工往往无法成为领导者，在《彼得原理》中曾经提到过这样的案例：

惠勒是墨奇瑞快递服务公司的送货员，他将送货工作系统化到前所未有的程度。例如，在他负责送货的区域内，他对每条巷弄和捷径了解得十分清楚，并以马表计时算准过每个红绿灯所需的时间，于是他便能规划他的送货路线而不必受到任何延阻。

结果，惠勒每天送完分内分派的信件后，通常都还有两个小时或更多的多余时间，于是他利用这段时间到咖啡厅读企业管理方面的书籍。然而，当他着手于替其他送货员安排送货路线时，他却遭到了开除。

以那时的情况来看，惠勒似乎是个失败者，他不但成为超胜任者被领导阶层淘汰的例子，同时也是"坏部属和坏领导人"的活证。

可是，没过多久惠勒便组建了他自己的飞马快递公司，三年内他的业务便凌驾于墨奇瑞快递公司之上了。

由此可见,特别具有领导才干的人是无法在现存的层级组织中发挥长处的,通常这种人必然会挣脱层级组织的藩篱,并到别的地方另起炉灶才行。

有时,在特别的情况下,具有领导潜能的人可以获得肯定。例如,在一场战役中,军队里某单位的所有军官都因敌人夜袭而阵亡了,于是戴尔临时充任指挥官,他带领部属击败敌人,并使同志们化险为夷。戴尔自己也马上获得了晋升。

如果是在和平时期,戴尔很可能无法获得这样的晋升机会,因为他太过主动了。只有在正规的阶级、年资制度混乱时,或是层级组织被破坏而暂时脱序时,戴尔这样自动自发的人才能获得晋升。

一名员工的胜任与否并非由你我这种公正的客观者来判断,而是由员工的雇主(现今状况更可能是其他高阶层的同事)作决定,在这些领导人眼中,员工具有领导潜能便意味着不服从,而不服从就等于不胜任。

中国有个欺诈大师叫鬼谷子,他有两个徒弟:庞涓和孙膑。在这俩徒弟共事一个君主魏国的时候,庞涓妒才设计废了孙膑的两个膝盖,还在他脸上刺了字。结果孙膑装疯("诈商"高,善表演)后偷跑到齐国,反而利用齐国的兵力击败了庞涓。孙膑在齐国坚决不做将军,只当幕后顾问,显然是接受了在魏国被嫉妒的教训。

这种妒才的故事如今天天在职场上发生,企业家应该注意到有才之人往往也是被其直接上级的臭脚踩得最多的。当然,欺负谁也不能欺负欺诈天才,否则很可能会遭遇庞涓一样的下场。能否用好欺诈天才有时决定了企业的生死。

欺诈和反欺诈同样都需要较高的智商和情商,因此只有改善合作关系,让人才有发挥的余地,也即消除了内部相互欺诈的动机,才能让真正的人才逐渐走上领导岗位。

第七招:利用第三方咨询

在企业内部管理中,由于利益难以调和,不论是否存在欺诈行为,信任都难以建立。

虽然本书在前文中说了很多管理咨询的弊病,可那只是"爱之深,责之切"。管理咨询业中当然有做得好的,从方向到内容都不同于前文所批判的,而是实实在在的知识和价值输出。例如,作为第三方存在的管理咨询,可以更客观地观察企业的问题,更公正地设计管理方案。与此同时,管理咨询公司专注于收集和研究好的管理模式,这一点显然是企业靠自身积累很难达到的专业程度。

那么,管理咨询究竟怎样做才能与企业完美结合,产生良好的效果呢?其实,这里有个悖论,正如我在前文中提到过的,如果一个管理咨询项目在操作期间产生了效果,往往就会和客户自己的职业经理人产生冲突。因为不论是顾问还是客户的经理人,都是靠专业吃饭的。只有极少数很伟大的人才会承认自己负责的工作需要他人来帮助,这也是为什么采购管理咨询会难以被客户接受的原因。本人至少碰到过3家大型企业出现类似的问题,董事长在和我面谈后,要求我进入前期诊断,但诊断一开始就被采购部门领导以各种理由阻止了。

看看采购拒绝咨询的理由就知道第三方咨询的必要性:

第一种,保密论。

保密是拒绝任何外来管理的最好借口。你拿不到核心资料,如何能管理我？同时,保密又是人为给自己的工作树立不可替代的壁垒之一。

价格保密:价格不能让外人知道,因为供应商给我们的是特别折扣,叮嘱我们要保密的。要知道,供应商可是运用价格歧视理论的高手,他们一定叮嘱了每个客户要保密价格,其目的就是能使一种商品卖出不同价格,你懂价格就低一点,不懂就高一点。问题是你怎么知道你这里的价格或者折扣点是最低的呢？当然,你会说是供应商说的。要知道,他跟任何客户都不会说价格不是最低的。市场竞争早已发现,价格才是颠扑不破的真理。要是价格都藏着,那么如何公开竞争？

供应商保密:我们的供应商可是费了九牛二虎之力才开发出来的,怎么能让外人知道？供应商的开发、认可过程确实复杂而漫长,大型企业一般是 3 个月以上。可问题在于,供应商不是你私有的,就是把供应商藏在口袋里,那里一定也会闪起广告灯的灯光,因为供应商的营销工作就是拼命在所在行业里宣传自己。所以,你的竞争对手怎么可能不知道？从感情上讲,确实每家公司都想把供应商,尤其是独特的供应商变成自己的独家供应商。采购也正是利用领导们这种不现实的想法来忽悠供应商保密论,以抵触外来的管理。事实是,供应商保密是幻想,只有引进尽可能多的供应商参与竞争,才是对公司最有利的。

第二种,管理到位论。

价格到位:我们的价格已经很透明了,每天都在报价。这些报价来自不同的供应商或者某个网站渠道,而且还是花钱的。采购部本来就是努力发现真实价格的部门,由于领导的不信任(或者只是假设不信任),现在找了第三方,花钱买价格,第三方总是公正的吧？要知道,价格是否到位跟是否公正关系并不大,而是和竞争是否到位相关。采购部把自己的工作交给了第三方,而第三方恰恰可能并没有切身利益关系,而且缺乏采购方对供应商的权威,那么如何能保证价格最低？

流程到位：我们的招投标流程都很到位，收回的标书先到总经理办公室，再到工程部，然后大家一起联合开标。问题是供应商只打点懂商务标和技术标的，不懂的在场摆样子的从来不是供应商打点的对象，不论圈子绕的多大，都起不到控制的效果。往往是标书一发出，供应商就从采购方内线得到其他供应商的信息，于是开始联盟围标或者独自和采购内奸制造技术或商务壁垒。至于那些上缴回扣，采购员轮班的流程更是连治标都很难。但这些都可以成为已经管理到位，而拒绝进一步管理的借口。

质量到位：当公司产品由于配件问题而出现质量问题时，采购部一定会异口同声地说质量问题是技术问题，而不是供应商有意牺牲产品品质的问题。因为如果是后一种原因，那我们采购岂不是被骗了？给问题捂盖子，只能造成解决问题时的延误。可谁敢冒采购部之大不韪坦承问题的存在呢？质量欺诈在中国是非常普遍的现象，三聚氰胺不就骗了蒙牛、伊利等大公司的采购员吗？那些采购员的专业水平难道在一般人之下吗？

除非管理咨询公司能想出一份企业本身没有做过的方案内容，这样才不会和客户自身的经理人产生冲突。这也是为什么管理咨询公司绝大多数项目都不会在当期产生效果的原因之一。能够解开这把锁的钥匙掌握在企业家自己的手里。

第八招：底层设计，反欺诈与效益的完美结合

当泰勒的科学管理思想风靡于世的时候，管理的对象基本上还是现场工人。泰勒在现场认真计算工人搬铁块的效率，工厂老板可以一目了然地看到自己的管理对象。随着企业的规模越来越大，甚至出现了跨行

业、跨国集团公司,决策者距离一线业务越来越远,决策所依据的信息大多来自二手甚至三手渠道。我们这个时代的企业特点是决策者掌握决策权、管理权,但优势信息权掌握在一线工作人员手里。于是,欺诈的首要条件——信息不对称(机会)就产生了。公司规模大了,分工越来越细,各个部门有自己的目标,有自己的部门利益,部门中的个人也是如此,由此产生了利己的动机。于是,欺诈的第二大条件(动机)也具备了。

企业反欺诈主要基于三点:首先是能否减少信息不对称的机会,其次是消除欺诈的动机(激励问题),最后是建立诚信的环境(文化建设)。其中,减少信息不对称的机会是最有效的手段。

我们知道,反导系统在规划上越靠近对方发射点,拦截的效果就越好。如果把结果(业绩或风险)比作对方导弹爆炸的终点,而导弹发射过程是欺诈行为(信息不对称)发生的地方,即信息渠道被阻断的地方,那么消除信息不对称就属于就近拦截原理,其效果远比欺诈已经发生后再处理的效果要好。因此,按照欺诈定律从减少信息不对称出发设计拦截措施,不但可以降低监控成本,甚至可以因信息反馈更加完整而直接获利。

欺诈的基础是信息不对称,欺诈最怕的是简单透明。在一家企业中,最透明的部分就是在最底层的一线部门:销售、采购、生产、研发。而一线模式设计到位,是企业发展的关键所在。企业从一线向上的组织发展是围绕一线业务特征来进行的,并需依据一线绩效来评估组织效率。所以,理想的组织应该是:足够小的业绩单元,依照一定的原则横向复制、纵向成长。这样的模式同时提供了反欺诈和提高效益的功能。

底层设计到位的标准是:决策权和信息权同时到位、信息反馈充分、激励到位、能力匹配。这样就能够大幅减少管控措施,避免组织官僚化和低效率。

凯文·凯利（Kevin Kelly）在其著作《失控：全人类的最终命运和结局》（*Out of Control : The New Biology of Machines , Social Systems , and the Economic World*）中写道：

美国麻省理工学院移动机器人研究项目负责人罗德尼·布鲁克斯开展了一个雄心勃勃的研究生课题项目——研发更接近昆虫而非恐龙的机器人。第一个诞生的是"阿伦"。它的头脑保存在旁边的台式电脑里，因为当时的机器人研发者都是这么做的，以获得值得保存的大脑。阿伦的身体具有视觉、听觉和触觉，它所感知到的信号通过几股线缆传送到那个盛大脑的盒子里。最后，布鲁克斯和学生们都发誓，不管必须把大脑设计得多么小，下一个项目非把大脑中枢整合到机器人体内不可——这样就再也用不着那些惹麻烦的线缆了。

因此，在制作后两个机器人"汤姆"和"杰瑞"时，它们被迫使用非常简单的逻辑步骤以及短且简单的连接。出乎意料的是，在完成简单任务时，这种简陋的自带神经电路居然比大脑表现得更好。这个不大不小的收获促使布鲁克斯重新审视弃儿"阿伦"。他后来回忆道，"事实证明，阿伦的头脑真没起到什么作用。"

这次精简让布鲁克斯尝到了甜头，并促使他继续探索，看看机器人能傻到什么程度但仍能做些有用的工作。最终，他得到了一种基于反射的智能。

无需借助较高级的中央控制器，控制会从底层逐渐汇聚起来。布鲁克斯称之为"自底向上的控制"。自底向上的行走，自底向上的机敏。如果折断蟑螂的一只腿，它会马上调整步态用

余下的五只腿爬行，一步不乱。这样的转换不是断肢后重新学习得到的，而是即时的自我重组。如果你弄废了机器人的一条腿，还能走的其余五条腿会重新编组走路，就如同蟑螂一样，轻易地找到新的步态。

在现代机器人研究领域的发展过程中得到的事实，同样证明了一个道理：让底层的最小单元同时拥有信息来源和处理信息（决策权）的能力是最佳途径。正如中国的经济改革 30 多年来取得的巨大成就，每一个起步都是从底层设计开始的。

Chapter

如何无中生有？……我从计算机科学和生物研究的最前沿成果中以及交叉科学的各种犄角旮旯里，提取出了大自然用以无中生有的九条规律，是为"九律"：

- 分布式
- 自下而上的控制
- 递增收益
- 模块化生长
- 边界最大化
- 鼓励犯错误
- 不求最优化，但求多目标
- 谋求持久的不均衡态
- 变自生变

凯文·凯利

《失控：全人类的最终命运和结局》

　　在我父亲 70 多岁的时候,由于他胃部有一个肿瘤,需要做手术,但考虑到年纪太大可能会有风险。于是,我便和医院熟悉的麻醉科主任等医生商量,麻醉科主任认为风险在于手术过程中伤痛对人体的影响。我问:"不是要打麻药吗?"麻醉科主任说:"麻药只能使人意识不到痛,但实际上痛是存在的,而且会大量消耗人的能量,以至于即使手术成功,但人体也有可能会因为不能忍受这样的痛而下不了手术台,尤其是虚弱的老年人。"后来,手术还是做了,父亲也靠他平时勤锻炼保持的强健身体挺过来了,但"痛"会带来风险的概念给我留下了极其深刻的印象。

　　在管理咨询项目中,各种模块变革的概念泛滥,其中很少考虑的风险就是"痛"的问题。这使我不得不思考:在变革中,有多少人的利益会受到影响,因此感觉到痛乃至剧痛,从而影响到变革的效果呢? 像人一样,企业需要无痛而有效的变革。医学上的无需大手术的疗法——基因疗法给我们带来了新的启示:改变一个有影响力的最小单元——基因,让其自我复制成长,从而改变整个机体的抗病能力。

　　通过前文的描述,我们已经知道底层设计是破除欺诈的有效武器,同时我们也可以借用底层设计来解决管控不到位的问题。在这里,我们把底层设计中的最小业务单元定义为基因,通过改变基因结构,确定生长原则来实现企业的基因治疗——无痛,且效果突出。这个方法是基于我们相信企业是"长"大的，而不是设计大的。而且，每家企业的一线业务模式决定了企业能够"长"多大。

企业不是"物"

管理咨询顾问到处给企业设计组织架构,一般都是参照500强企业中高层结构的标杆。但在方案落地时,常常碰到各种不匹配的问题。其实,这是因为他们没有弄明白一个道理——企业是"长"出来的,而不是设计出来的。

在生态研究方面有两派:一派是我们熟悉的达尔文的进化论派;另一派是设计派,其认为生物是设计出来的。凡是设计派都不能拒绝承认一个上帝的存在。做管理咨询的特别喜欢给客户描绘发展蓝图,希望企业像一个教堂那样按照蓝图盖起来。但企业是由人组成的,不可能像一座教堂那样,"物"和蓝图是一一对应的关系,反而更像一个生态圈,无法测量,难以规划。如果一定要强调可以设计出来一个蓝图,那就会像上面生态界设计派一样,不能拒绝一个上帝的存在。顾问常常幻想扮演这样一个上帝的角色,只是现在的客户越来越不给顾问这个机会。

企业不是设计出来的

2011 年,某国有集体公司开展一个战略加集团管控项目,我是项目负责人。当战略项目内容结束,即将进入集团管控项目时,董事长找我谈话,说:"关于集团总部的岗位人员设置我已经有安排了。"

董事长也是读过 MBA 的,对集团层面的部门也非常熟悉。如果是一个只想让项目顺利完成,拿到回款就完事的顾问,碰到这种事会很高兴。但从专业角度,我感到受了打击——客户已经有主意了,我们的专业性在哪里? 有什么理论依据可以支持我不同意他的想法吗? 似乎没有。举标杆的例子? 说服力不够。遍查各种管理理论书,都是大道理,正反都可以解释。具体情况具体分析是最大的道理,其实也就等于没理论、没道理。

4 年前,某山东高端海鲜餐饮企业总部落脚北京后,开始围绕上市大张旗鼓地引入管理咨询,先引入某国际知名 IT 领域的咨询公司做供应链设计,据说花费了 1600 万元,而当时企业的年利润才 3000 万元。在做该设计的过程中,连总经理都换成了咨询公司的人。这家公司给企业做了供应链一级到三级的流程,到实际操作面的四级流程时,却不知道怎么做了。于是找到了我所在的公司,公司把这个项目交由我去谈。

我来到这家餐饮企业,才发现这个项目真是有趣,那家国际咨询公司的人做了总经理后,又请了一家国内的 IT 咨询公司来帮助做供应链设计,同样,到了操作层也不知道如何去做了。我问对方,这个供应链设计的核心思想是什么? 对方说,是中央厨房体系。我很惊讶,接着问:"你们最终要在北京开几家店?"对方回答:"最终要开 5 家店。"

我不解的是,开 5 家店,300 多种菜品,怎么会用上中央厨房? 中央厨房通常都是用于菜品少、店数多、单品销量大的餐饮连锁企业，如麦当劳、肯德基等。其目的是让食品的初加工实现流水线式生产，以降低成本，控制质量。起先，对方让我以个人顾问身份进入做四级流程，价格已经谈好，后续又要求做销售预测。我说，销售预测必须结合 IT 系统，否则难以规避牛鞭效应等测不准的因素，联络人商量后难以答应，于是我拒绝了这个项目，心中却松了一口气，因为这个项目从一开始就没有根据客户的业务特点来进行设计，而是照搬了类似麦当劳的系统。

从上至下的流程设计模式到了操作面很可能就会无所适从，甚至连书面的文案都难以拿出来，何况最终还要执行。企业不可能是从上至下设计出来的。在这里，某些咨询公司起了很坏的作用，他们拿一些所谓的"最佳流程"到处忽悠客户，同样是这家国际咨询公司，还为另一家销售额上百亿的建筑公司介绍了一个千亿销售额的流程，倒是很激励那个企业老板。但如果仔细一想就会明白，这个千亿销售额的流程肯定不适应于目前销售额只有百亿的企业，而且还无法验证。

一家企业就是一个生态圈

管理咨询公司常用的一个诊断汇报图表就是企业发展阶段图（见图 3-1）。

这张图的意思是，这家企业到了相应阶段，可能存在什么问题，以及解决思路应该是什么。相应阶段的划分规则通常是从企业的规模及在行业所处位置来确定的。且不论这种划分是多么粗陋，即使有那么一个精确的规模尺度，也不代表企业的状况就定然如此。因为企业像一个生态圈一样，在从小到大的发展过程中充满了不确定性，要经历多次浴火重生才能成为现实中看到的模样，无论是模仿其他企业，还是被其他企

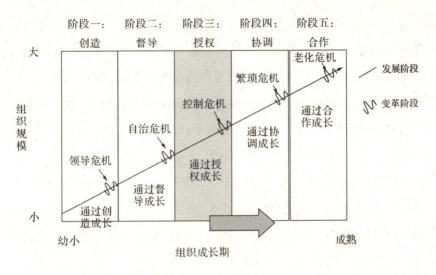

图 3-1　企业发展阶段

业作为标杆进行模仿，都难以复原其复杂的成长过程所形成的文化习惯。

　　美国田纳西州立大学的生态学家皮姆指出："要想得到一块湿地，不能只是灌入大量的水就指望万事大吉了。你所面对的是一个已经历经千万年的系统，仅仅开列一份丰富多样的物种清单也是不够的。你还必须有组合指南。物种的进入顺序也是决定成败的关键。"①

企业是"长"出来的

　　在《失控》一书中曾有介绍，生态学"教父"奥尔多·利奥波德（Aldo

_____

① ［美］凯文·凯利：《失控：全人类的最终命运和结局》，东西文库译，新星出版社 2010年版。

Leopold)①在 1934 年试图重建一块草原，但历经了 50 年的火、太阳及冬雪的洗礼，今天的草原仍然不能完全体现其物种的多样性。其间他们发现火是最重要的一个因素，它使那些需要浴火重生的种子得以发芽，将入侵的树苗一笔抹去，让经不起考验的温室草望而却步。另外，他们还发现有些草的品种只存在于过程当中，但又必不可少，而在最终的草原形态中会完全消失。引人深思的是，企业何尝不是这样，没有经历过严冬酷暑考验的企业一定难以成长为常青树。在企业发展的过程中，有些人出现了，带来了变化，然后离开了，但他们的管理成果却留下来了。如果仅把这家企业的最终形态作为模仿标杆，那么如何还原那些带来变化却没有留下的人？

一家企业在初创阶段，是通过一个或几个合伙人从最基础的一线工作——设计、生产、采购、销售——开始努力并逐步发展壮大的。随着企业规模的扩大，他们逐渐退出一线工作成为管理层，如果在退出之前能够完整有效地传授一线工作技能，并提供足够的激励，那将是最好的结果。但实际上，往往会存在各种缺陷，使得创始人难以从一线脱身。由于创始人精力有限，企业到了一定规模后就会出现发展的瓶颈——管理者精力瓶颈。

但是，企业就是这样从一线工作一点一点长大的，其间进来一些能干的或不那么能干的人，带来一些变化；同时经历一些来自环境或者竞争对手的打击，淘汰了一批又一批不适应的人或产品，最终生存下来，并形成了自己的文化。其中，如混沌理论所表述的，整个系统会对初始条件极其敏感——一个小小的不同就会造成它的混乱。在企业这个生态

① 奥尔多·利奥波德，美国著名的生态学家和环境保护主义先驱，被誉为"美国新环境理论的创始者"、"生态伦理之父"。

系统中,其初始条件就来自于企业从创立到成长过程中的一线业务模式,一线业务模式影响了企业的整个组织系统架构。不论是伟大的企业还是不那么伟大的企业,它们的成长就是对一线工作的不断复制、优化,直到形成规模。至于中高层管理,则是在复制的过程中按照服务于一线业务模式的需要设立的,最终架构也是为满足这种服务功能而存在的。而在传统管理理论中,架构已经异化成了为绩效服务(德鲁克观点)。这种为绩效服务的架构设计思想就像无根的浮木,随着各种原因导致的绩效差异漂来漂去。

企业的基因是什么？

基因在生物学上的解释是：**具有遗传效应的 DNA 片段，它是控制生物性状的基本遗传单位。**

人们对基因的认识是不断发展的，19 世纪 60 年代，遗传学家孟德尔（Gregor Johann Mendel）就提出了生物的性状是由遗传因子控制的观点，但这仅仅是一种逻辑推理的产物。20 世纪初期，遗传学家摩尔根（Thomas Hunt Morgan）通过果蝇的遗传实验，认识到基因存在于染色体上，并且在染色体上呈线性排列，从而得出了染色体是基因载体的结论。20 世纪 50 年代以后，随着分子遗传学的发展，尤其是沃森（J. D. Watson）和克里克（Francis Harry Compton Crick）提出双螺旋结构以后，人们才真正认识到了基因的本质，即基因是具有遗传效应的 DNA 片断。研究结果还表明，每条染色体只含有 1～2 个 DNA 分子，每个 DNA 分子上有多个基因，每个基因含有成百上千个脱氧核苷酸。由于不同基因的脱氧核苷酸的排列顺序（碱基序列）不同，不同的基因含有不同的遗传信息。

把企业家的思维模式当做企业的基因，一句"兔子的基因永远长不成骆驼"让很多企业家颇感气馁。任何一家企业都有自己的基因特征，这个特征和创始人的个性以及当时的创业环境有着紧密的关系。

毋庸置疑，企业需要拥有头脑清醒、战略方向明晰的高层领导。但正如乔布斯所说，伟大的创意不等于最终产品，当然更不等于利润实现，其间有着巨大的鸿沟。这个鸿沟就要靠执行力来弥补，而执行力的效果只能体现在一线业务成绩的改变上。基因的特点是小而简单，但又决定着整个机体的最终形态。

当人们在关注由于企业家基因而影响企业发展的时候，却没有想到企业和人体的构建方式一样，是自下而上地从简单行为——本能反应——开始的，首先生成一小段能完成简单工作的神经回路，接下来让大量类似的回路运转起来。之后，复杂行为从一大堆有效运作的反射行为中脱颖而出，构建出第二个层级。企业组织架构设计的原理就是：管理层是业务运作的需要，架构是为业务功能服务的。

除了企业家思维模式对企业的影响之外，还有一种"基因"来自一线的"简单行为"。1994年，我进入可口可乐，在销售部一线做市场代表。当时我并不知道这段经历会给我带来对消费品营销内涵的充分理解并最终形成"基因疗法"的理论。上岗第一天，我的主管就让我画一张6天拜访的路线图，并告诉我，我的区域内有4000家客户。我问他怎么知道的，他说请大学生假期调查的。在教会我如何填写订单、客户卡以及如何报账后，主管就开始带着我拜访客户。他告诉我，拜访客户有8个步骤，包括：进门前户外广告、进门后户内广告、生动化摆放、看库存、和老板确定订货数量、下订单，等等。在被主管带着跑了一天以后，我就开始"单飞"了，每天花9个小时拜访客户。

我所在的经营部坐落于机场内，是可口可乐最一线的一个经营部。公司老总也会偶尔过来看看，鼓励我们：可口可乐的总裁都是从你们这样的市场代表干起来的，你们这个经营部里的员工都是大学生，我们是要重点培养的。3个月后，我就被调到了采购部，从此经常出差。一年后，我出差路过工作过的经营部，发现里面认识的"老人"都不见了，全是新面孔。问其缘由，经理悄悄告诉我，是公司故意的，因为"老人"往往意味着比较油，有些可跑可不跑的客户就不跑了，而新人很认真，按照拜访客户的8个步骤，只要不傻都能出销量。可口可乐之所以能够承受"老人"离开可能带来的损失，是因为他们培养新人的成本极低：一天就可以培养出一个市场代表（基因）。

可口可乐这种一线标准化的行为不同于国内消费品营销普遍重广告策划的方式。史玉柱先生也认为策划是核心，但我个人认为除了策划，在史玉柱进行保健品营销的过程中，一直跟随他的那个团队其实也十分重要。其中，我也看出了他们模仿可口可乐在农村进行营销的广告模式，这些策划要操作到位，没有一支有力的一线团队是不可能成功的。他的核心团队跟随了他几十年。

遗憾的是，作为管理理论的传播者，管理咨询业却没有重视一线操作的习惯。因为一线操作环境太多样化，不符合管理咨询模板复制的商业模式，而且推动起来需要有相关经验的资深顾问，成本极高。

管理咨询的管理流程和绩效一般最多只做到科（或部）以上职位。而这些管理流程，尤其是组织架构往往是来自同行的对标结果，即所谓的最佳流程。常有的说法是：企业的发展史犹如长江，最佳流程虽然目前可能用不上，可它在长江口等着你，而企业总会走到长江口的。但现实问题是，大多数企业还没有驶到长江口，就在某个弯道翻船了。

对标组织架构流程，不如对标一线标准化操作模式。植入一线标杆企业操作单元（基因），由一线操作模式决定公司的成长模式，才是正道。企业自身可以复制成长的基因就是其一线业务模式，包括销售、采购、研发，乃至生产一线。事实上，生产已经有了成熟的基因模式，如精益生产、六西格玛等。

企业的基因疗法

美国医学家 W. F. 安德森等人对腺苷脱氨酶缺乏症（ADA 缺乏症）的基因治疗，是世界上第一个基因治疗的成功范例。1990 年 9 月 14 日，安德森对一例患 ADA 缺乏症的 4 岁女孩进行了基因治疗。

这个 4 岁女孩由于遗传基因有缺陷，自身不能生产 ADA，先天性免疫功能不全，只能生活在无菌的隔离帐里。他们将含有这个女孩自己的白细胞的溶液输入她左臂的一条静脉血管中，这种白细胞都已经过改造，有缺陷的基因已经被健康的基因所替代。在之后的 10 个月内，她又接受了 7 次这样的治疗，同时也接受酶治疗。1991 年 1 月，另一名患同样病的女孩也接受了同样的治疗。两患儿经治疗后，免疫功能日趋健全，最终走出隔离帐，过上了正常人的生活，并进入普通小学上学。

基因疗法的特点是：不动大手术，改变从最小单元开始，一劳永逸。

目前在企业管理中，一有问题就动组织架构，思维模式仍然停留在从上至下的管控思维，采取的变革措施往往治标不治本，而且变革成本巨大。

为什么传统的组织变革治标不治本？

传统的组织结构大多为金字塔式的职能型层次式组织结构，容易造成机构臃肿，人员繁多，严重影响办事效率，凡此种种显然严重阻碍了组织的发展。随着信息时代和知识经济社会的来临，要求企业具备更富有弹性的组织结构，促使企业以更快和更灵活的方式满足市场和顾客不断变化的需要。管理理论家提出了扁平化的组织理论，但在操作上缺乏明确的界限。传统管理理论对组织变革的定义是自上而下的，这导致变革初期没有业绩改善的支撑，变革阻力非常大，变革的"时间窗口"只有四个月左右，超出"时间窗口"就很容易产生换汤不换药的局面。笔者在国内某著名管理咨询公司的总结会上了解到我们对老客户的回访结果，真正由于咨询方案变革到位而产生效果的可谓凤毛麟角。顾问对此也很困惑。

真正有效的组织需要对市场做出迅速敏捷的反应，以适应不断变化的顾客需求和市场机遇，从而建立企业的竞争优势。而以往的组织变革没能实现这一点，原因主要有：

1.组织变革没有涉及一线业务，企业最核心的利润中心操作模式并没有发生改变，不可能立即获得效益的提升。变革失去业绩支撑，难以落地。

2.传统的组织变革认为，管理失控是主要问题根源，变革方向围绕失控去加强管控，实际上没人想被管控，在缺乏一线信息反馈支持的情况下，管理措施变成了无效的猫鼠游戏。

3.传统组织变革认为，文化价值观的变革是变革的核心，一开始就把脚踢到了最硬的铁板上,因为这是最难的变革。文化价值观的变革虽然涉及员工思想理念,但成功的变革却需要从行为开始,而最有"依据"的有效行为只有在业务一线才能产生。这就是为什么那些不涉及一线的变革往往最后又变了回去。

企业的基因疗法

企业"基因疗法"的做法就是在对标行业内外优秀企业一线业务模式(最不受企业文化影响而容易复制的单元)的基础上,找到适合企业自身的一线业务模式,尽可能地把决策权赋予那些拥有对应信息及动机的一线最小业务单元,从而提升企业业绩。其后管理组织的成长及特征都是由这个最小单元的功能要求所决定的。这些业务单元包括销售、采购、研发,以及生产等业务部门最一线的操作单元。

从学术上归类,基因疗法及下面的组织成长五原则应该属于组织发展学的范畴。基因疗法在组织发展学上或许是个创新,但在企业实践中的成功案例早已存在,仅从本人熟悉的可口可乐一线业务模式来看,就有曾经风光一时的保健品红桃 K,以及著名的饮料企业娃哈哈在模仿。我在 2002 年拜访还一息尚存的红桃 K 时,问到他们是否对可口可乐的销售模式进行了模仿,因为从终端市场上看是很明显的,包括主攻农村的宣传模式。他们的高管回答:确实是这样,可是我们的模仿还不够,只模仿了一线模式,没有考虑到管理层,最近请了宝洁和可口可乐的高管过来弥补。后来的结果大家都知道,由于资金链的问题,红桃 K 倒了,但它在平均只有一两年生命期的保健品行业里红火了十几年,其地位是毋庸置疑的。他们的问题出在组织发展这块上,一线基因复制本身是没问题的。

在麻省理工学院，当机器人专家布里克斯把笨重的机器人压缩成一只卑微的轻如鸿毛的小爬虫时，他从那次小型化的尝试中得到了新的认识：以前，要想使一个机器人更聪明，就要为它配置更多的电脑部件，但同时这也就会使它更笨重，而它越重，驱动马达就要越大，供电所需的电池组就要越大，如此就陷入了恶性循环之中。这个恶性循环使得机器人大脑与身体的比重朝着越来越小的趋势发展。

但如果这个循环反过来，则能成为一个良性循环。电脑部件越小，电机就可以越小，电池也越就小。因此，布里克斯的移动机器人大都轻于 10 磅。

布里克斯的模型不仅为人工智能领域带来了变革，它也是使企业这样的复杂生态圈得以运作的真正模型。在所有类型的活系统中都能看到包容结构和网络层级机制。布里克斯总结了设计移动式机器人的 5 条经验，这 5 条经验为企业管理的革新指明了方向：

1. 递增式构建——让复杂性自我生成发展，而非生硬植入（企业是"长"出来的）；

2. 传感器和执行器的紧密耦合——要低级反射，不要高级思考（企业一线业务简单"基因"）；

3. 与模块无关的层级——把系统拆分成自行发展的子单元（事业部制）；

4. 分散控制——不搞中央集权计划（分布式管理）；

5. 稀疏通讯——观察外部世界的结果，而非依赖导线来传递信息（简政放权）。

从以上陈述中我们可以看出：直接的信息、简单的一线业务单元、决策权这三者结合得越好,效率就越高。而这种方式已经被用到了战场上:在伊拉克战场,当美军一个海军陆战队侦查排乘坐8轮轻型装甲车沿运河堤岸实施侦察时,发现了伊军的一个T-72坦克营,他们就可以用激光指示目标,而后呼叫空军前来投掷GBU-12炸弹。或者,当一名藏在农舍中的特种兵发现了一个伪装的伊军炮兵连时,他可以立即传回目标的坐标方位。片刻工夫,他就会目睹一群火箭弹在伊军头上炸开花。伊战中,在"布雷德利"战车中的第3步兵师的一名普通士官所掌控的火力比"沙漠风暴"时的一个装甲营还多。①

本人曾经学过太极梅花螳螂拳,十分喜欢其招数简捷有效,所谓"不招不架就是一下,招招架架一连十下",这就是螳螂拳拳法、技击上总的要求。我特别欣赏其连消带打的招数,因为它不是专门的防守动作,专门防守是要消耗时间和力量的,尤其是会错失对方进攻时露出破绽的机会。连消带打是连防带攻,攻防同时进行,让对方难以防范,而且由于没有专门的防卫动作,节省时间,效率极高。企业也是一样,与其专门耗费大量的精力去内控,不如把内控与增效相结合,增效的同时就实现了内控目标。

底层一线业务之所以可以成为一个优秀基因植入的单元,是因为这个单元可以同时达到内控和增效两大作用:

1.拥有企业内部最佳的决策信息来源:一手信息;

2.足够小到可以激励到位的个人或组织:比中高层更容易激励到位;

①　[美]汤米·弗兰克斯、马尔科姆·麦康奈尔:《美国一兵》,军事谊文出版社2005年版。

3.岗位执行能力易于鉴别：功能单元最小；

4.信息反馈充分：信息反馈容易规范化。

举例而言，可口可乐一线销售的业务模式就是由以下几个方面组成的：拜访客户行为标准化（拜访客户八步骤），路线图，信息反馈标准化（客户卡），订单管理，业务培训，薪酬激励，目标管理。推而广之，这种业务模式就是快速消费品企业销售基因的特征。

组织成长设计的五原则

企业仅有一个好的一线基因还不够，因为任何企业都不可能扁平化到只剩一个层级。一个层次的社区化虽然在信息行业社区化组织很盛行，但在大多数情况下，由于人力资源的稀缺性，以及人的能力的差异性，依据专业人做专业事的分工原则，企业组织的层级在大多数情况下是存在的。那么，如何规避臃肿、成为一个高效的组织就成了组织发展中最重要的课题。前文中的红桃K案例就是因为组织发展出了问题而失败的。

在电影《蝙蝠侠归来》中有个场景，一大群蝙蝠一窝蜂地穿过水淹的隧道涌向纽约市中心。这些蝙蝠是由电脑制作的，制作者先制作出一只蝙蝠，并赋予它一定的空间以使之能自动地扇动翅膀；然后再复制出几十甚至上百只蝙蝠，直至成群。之后，再让每只蝙蝠独自在屏幕上四处飞动，但要遵循算法中植入的几条简单规则：不要撞上其他蝙蝠，跟上自己旁边的蝙蝠，离队不要太远。

复制一只蝙蝠，再加上几条原则，就可以制造出一个有序的群体。

这就是一个生命体的成长原理。

那么，作为企业的组织，设计那个一线最简单"基因"的原则是什么？从一线向上发展的基本规则又是什么呢？

如前文所述，企业管理不到位的主要问题体现在两个方面：一是上下级之间信息不对称，由此产生有决策权的人没有足够的信息，有足够信息的人却没有决策权；二是企业管理理论普遍忽视的动机问题。只有激励到位，才能产生足够的动机去从事符合组织绩效、也符合个人需求的行为。

所以，组织发展具有五项原则：

第一，足够的决策信息。 决策权与信息分离是管理中的普遍现象，有信息的一线人员没有决策权，层层汇报后交给只拥有扭曲的二手信息的决策者做出决策。足够的决策信息在绝对意义上并不存在，但相对充足的决策信息是可以通过调整决策流程做到的。

第二，足够的权力。 一线人员拥有信息却由于缺乏决策权而丧失商机的情况比比皆是。把决策权和拥有信息的一线人员相互结合也是符合昆虫式机器人设计原理的，同时也提高了操作者的正向动机。权力下放，分散决策权力在保证决策安全的情况下是组织发展的方向。这五项原则互相联系、支持、制约。

第三，足够的能力与激励。 之所以把能力和激励放在一起，就是因为目前这两者在管理中被普遍忽视，但实际上关系却非常紧密。现状往往是有岗位分析却没有能力评测，有考核却没有激励。在现实中，同一个岗位上不同员工的能力可能相差数倍，在关键岗位这种差别可以达到上千倍上万倍。岗位分析常起到埋没人才的作用。认识到能力的差别，并对有能力的人激励到位，才是一个组织最应该做的事情。关注操作者的关键动机，从关键动机出发设计激励机制，是基因单元的最重要保障。

但动机也是最复杂的,即使是企业家本人的最主要动机也不一定是业绩,自尊和自我实现的需求有时会压过公司业绩的需求。

第四,可衡量的组织绩效。"基因疗法"的基因单元并不意味着可以脱离组织单独发展,其输出成果必须符合整体组织绩效,而且可以衡量。是选择一个科室或一个小组还是选择一个人作为一个"基因疗法"的最小单位,其依据的标准就是遗传代码的完整性产出的组织绩效可计量性。譬如:如果一个采购员或一个消费品销售员就可以清楚衡量其在组织中的绩效,我们就把个人作为"基因疗法"的最小单元。

第五,充分的结果反馈。每一个"基因疗法"单元的结果信息输出必须是充分的,只有这样才能保障权力下放不会被滥用。好在作为最小单元,其信息输出的设计相对简单。这也是为什么要做"基因疗法"的主要原因。需要主动反馈或能够自动反馈的信息包括:关于业绩的财务指标和五原则的执行情况。

我们可以把这五原则比喻为汽车驾驶的几个必备元件:

1.足够的决策信息＝汽车电池,没有足够的信息将无法启动正确的决策;

2.决策权力＝启动钥匙,有信息、没权力,相当于没有汽车钥匙;

3.足够的能力与激励＝油门,获取足够能力的人和激励是需要费用的,不踩油门汽车难以提速;

4.符合组织绩效＝方向盘,激励方向必须符合组织绩效,避免跑偏;

5.充分的信息反馈＝安全带,没有足够信息反馈的权力下放是危险的。

安全带：
充分的信息
反馈

方向盘：
符合组织绩效

启动钥匙：
决策权力

电池：
足够的决策
信息

油门：
足够的能力
与激励

基因疗法操作流程

基因疗法是"医师"先通过培养符合企业一线业务模式的基因,然后向企业植入这个基因,按照组织成长五原则树立组织架构,最终达到改造企业的目的。

企业基因疗法的形式:一是以管理咨询的项目开始,但重点不是文案,而是对企业未来相关骨干人员的培养,并以后续长期辅导为特点。二是以教练式培训的形式出现,目的还是培养业务新模式的推动骨干。这两种模式既规避了以文案为项目最终效果的一般管理咨询项目的缺陷,又避免了因顾问直接插手操作而导致和企业内部职业经理人相互冲突的风险。

基因的载体当然是人,人可以来自企业内部,也可以从外部招聘。尤其当某些传统行业长期在低盈利水平上经营,行业内难以找到能够接受新模式的骨干时。这些行业在未来大多数会被外行颠覆,而通过引进外部人才,进行基因改造,却可以先一步实现自我颠覆。

首先是对"基因疗法医师"的选择,他们通常来自管理咨询资深人士,应该具有世界 500 强企业一线业务及管理经历,擅长变革推动,会开展教练式培训,500 强企业的经历保证了医师对最佳一线模式的理解以及职业化的运作习惯。至于变革管理方面的经验,却只能来自管理咨询经历,在管理咨询公司任过项目总监的经历尤其重要。

其次是对"基因载体"的选择:包括一线业务人员及管理人员。不论他们来自企业内部还是外部,都必须有着良好的接受新事物的心态,既尊重规则,又勇于"先吃螃蟹"。

对"基因载体"的培训包括:一线业务最佳模式、组织成长原则及变革推动方法。其中变革推动方法占到了 80% 的内容,而且要以角色扮演的模式加强实际可操作性。

最后是将"基因载体"输回企业自身,在企业内部从最一线的一个点开始横向复制,纵向按照组织成长原则发展,以业绩推动变革,以业绩证明成效。

【操作手记】
"基因疗法" 变革案例

江苏溧阳,帕萨特在土路上揭起一阵尘土。车上的营销部周总监刚接到公司打来的电话:内审没过,原因是韩科长在交接工作时留了一手。早就知道这个人善于背后捅刀子,所以周总监才坚持要将其调走。

4 个小时后,刚刚赶到上海总公司,周总监便立即宣布召开部门会议。5 分钟后会议结果出来了:韩科长这个月的工资加奖金总计 7000 多元全部扣光。

韩科长试图辩解:"奖金扣也就罢了,为什么工资也要扣?"他每个月还房贷就要还近 4000 元。

"因为交接工作就是你目前的基本工作，基本工作没干好，所以没有基本工资。"周总监毫不手软。要知道，韩科长可是企业领导者眼里的红人、公司的股东。

这是周总监在管理咨询公司的指导下，进行组织变革的前奏——通过戏剧化操作，强行积淀组织变革所需的团队文化的一部分。

案例背景

KKK 是一家生产汽车漆的公司，在国内竞争同行中处于领先地位。其创业成员由一个出资人和一支 10 人技术团队组成。出资人 A 占 70％的股份，扮演着大老板的角色。

周总监两个月前应聘 KKK 公司的时候，根本没想到需要请咨询公司，而他本人就曾在咨询公司里做到资深顾问。面试那天 A 老板对他十分欣赏，对其他老总说：小周刚才说的一、二、三、四点都非常正确，也非常重要，要让全公司学习。周总监听到老板这么重视自己的观点，不禁有点飘飘然。同时，老板十分豪气地对他说："大胆去变革，动作小了，我要批评你。变革不要怕得罪人，我们这里最不差的就是执行力，任何人都可以动。"说完，端起一杯秘书送上来的鲜胡萝卜汁，一饮而尽。

所谓"士为知己者死"，周总监一上任就深入生产和市场第一线了解产品和市场情况，仅一个多月就分析出了营业部的主要问题，并拿出了自己的营销部变革方案。

KKK 营销部主要问题如下：

1.绩效管理：目前实行的是工资和费用包干制。业务员最多欠款已达四五十万。部分业务员已经形成死猪不怕开水烫的态度。绩效管理失去激励作用。考核重点放在销售额、毛利额、新业务、资金占用等"结果"评估上。管理难免出现滞后现象。

2. 区域划分没有一定标准，以致业务员的眼睛不是看市场，而是看上面。各区域市场情况不明，导致业绩跟业务员的能力和努力缺乏相关性。

3. 人员行动难以管理，协同性差。大家各自为政，没有整合营销团队资源，工作规范、销售计划、绩效管理无法落实到人员行动上。

4. 市场信息管理：首先，在信息收集方面，有条例，但没有具体实施方案，可操作性差。其次，缺乏量化的统计分析。没有全面、准确、基于业务过程的动态记录，没有科学的信息传输系统，无法对客户(需求、购买、利润、分类分布等)、人员综合绩效(成功率、耗时、成本、计划与计划执行等)、销售过程(薄弱环节、异常项目、销售预测等)进行量化分析，难以有效改善团队的业务能力。此外，大量客户信息散落在业务员个人手中。

5. 费用管理表面上计划性较强，但由于费用使用权利包干下放到片区业务员身上，对于其使用去向基本处于失控状态。

不妨看看周总监的变革思路。

首先是目的：

1. 充分利用明星销售员的价值；

2. 销售过程必须透明；

3. 控制费用使用去向；

4. 考核必须主要体现能力和主观努力。

其次是方法：

第一，改进销售流程，加强过程控制。

1.可将销售过程按照"基因"业务特性划分为六个阶段：销售线索收集、商务机会建立、投槽方案评估、商务谈判签合同、投槽和售后技术服务。业务人员按照这六个阶段进行业务操作，管理人员也按照这六个阶段进行管理、考核。根据改进后的流程，重新设计组织架构。

2.完善记录跟踪：由专人建立客户电子档案。将散落在业务员个人手中的客户资源集中起来。通过话务员对客户进行定期或不定期的电访跟踪，负责完成六个阶段中的第一阶段工作。

3.实行首席代表制，目的是充分发挥首席代表的销售能力。首席代表不属于任何片区，负责完成六个阶段中的第三、第四阶段工作，即方案评估和谈判签约。

4.原销售部其他人员负责六个阶段中的第二阶段工作，即跟踪拜访，只要求跟踪到客户的科一级，并了解到何时采购即可。

5.售后服务部仍和以前一样完成六个阶段中的最后两个阶段的工作。

第二，围绕变革需加强的部分。

1.加强"三 E"管理，编制在外人员"日清单"，每天跟踪，紧逼盯人。

2. 建立客户档案数据库，提高信息反馈效率。

3. 加强调研规范化(电访、走访)，提高预测市场变化的能力。

4. 加强销售及技术人员的商务培训，逐渐标准化。

5. 按照销售六个阶段，及时、全面地实施考核和激励。既有毛利考核，也有销售行为考核及激励措施。

变革实施遇阻

周总监的变革方案得到了老板的肯定，并印发给全公司学习，连研究所都要学习周总监的营销变革方案，看看从中能汲取什么经验教训。那段时间，周总监在一线学习时的师傅、领导们经常拿着印发的方案来向周总监请教。

启动会如期召开，老板缺席，总经理发表讲话。结果他的话被首席代表×君抓住漏洞，一阵冷嘲热讽。

×君：48 岁，销售主管。隐形领导者、前市政府某部门管财务处长。以前老板要见他，要提前一个月预约。公司成立时的 800 万资金，有他借的 500 万。销售能力出色，几乎能搞定所有的难题。对所有新上任的总监都不服气，往往在第一个部门会上就会发难，让新总监下不了台，对局面掌控能力极强。

启动会最终以失败告终。

周总监不得不重新审视了一番自己的团队，不禁不寒而栗。

张君：40 岁，前营销总监。公司创始人之一。在销售部十几年，从没有单独拿下一个单子。老板的说法是：因为做不了业务，所以让他当头，做管理吧。没能力，却有嫉妒心。以前的历任外来总监，短则 3 个月，长则 8 个月都会黯然下课，其中都有他的"功劳"。

韩科长：45 岁，股东、计划科长，他对任何一个新来的成员都很热情,也热心介绍公司情况。但其背后玩弄政治手腕十分娴熟,前总监就上过套。

余君:45岁,业务员。老板嫡系中的嫡系,老板的老友,甚至经常陪老板看电影。

部门其余人员不是老板的老友,就是创始人或老板的侄子或女友,包括周总监在内只有3个外聘人员。

来自上面的阻力也不小。

总经理:55岁,前国营厂厂长,上任两年来,一心只关心自己的位置。与前任相比,优点是不怕老板骂。经营上基本没有新思路,所以一方面渴求像周总监这样的人才给他出主意,另一方面又担心别人超过他。

另外,周总监感觉老板也只是在套他的方案而已,并不关心他和他的团队关系如何。两天没给老板书面建议,老板就训他:我高薪请你来是让你出主意的。

咨询公司介入

百般无奈中,周总监听说上海有家专攻实施操作的咨询公司。通过一次"偶然"的机会,周总监把我介绍给老板。出乎周总监的预料,老板只和我谈了一次话,就同意引进咨询公司。

这时的周总监以为可以松一口气了。没想到我说他还是变革的领导者,不过这将是变革一支团队。周总监耐着性子为我安排了一个又一个的访谈。我也从周总监的叙述中发现了一些问题:

1. 没有从老板那里得到足够的政治影响力。大多数情况下,从老板处获得的话语权就是影响力;

2.没有得到隐形领导者的支持,导致启动会失败;

3.没有通过机制层面定向积累执行文化。

咨询公司的做法是:

1.评估变革方案及心理架构问题;

2.发现阻力来自哪里,产生阻力的原因,这些阻力如何影响变革及变革风险所在;

3.提出总体变革战略,并执行变革计划直至落地;

4.确定变革领导角色,培训技巧,树立新的行为规范并促进变革文化的形成;

5.按照变革战略制定实施步骤,通过制订沟通、学习和激励计划来完成变革。

经过诊断,我修改了周总监的变革方案,并在如何推动上提出了一整套实施计划。其中一些是周总监从来没有听说过的说法:

第一,没有权威就等于没有执行力。

有了领导职位不等于有了权威,而没有权威,命令就难以下达,启动会失败就是例子。部门里哪个不是"人精",周总监有多少分量,总经理有多少分量,他们都很清楚。有时这些"人精"也被老板用来制衡这些外来的"和尚",所以他们胆子才够大。

第二,文化是可以塑造出来的。

启动变革方案,并不是只要营造气氛就够了。当然,大多数咨询公司都是重在营造外在环境的气氛,制造紧迫感。但这些还不够,更重要的是要制造执行文化,并迅速树立变革者的权威。

文化不是要靠长期积累吗？文化这玩意儿不都是愿景、理念、口号之类虚的东西吗？他们各自为政这么长时间，原部门成员甚至从没搞清楚过什么是团队精神。我们又怎么能在这么短的时间内树立团队精神呢？周总监一脑袋的疑问。

经过面授机宜，这才出现了本案例开头的那一幕，当然这种做法事前都和老板及人力资源部总监打过招呼。处分韩科长后不到一个月，部门面貌焕然一新。

第三，领导者要让大家知道自己的价值取向。

部门要营造什么样的气氛，领导最重要。营销总监当然应当营造以业绩为导向的环境气氛。一日，首席代表×拍着周总监的桌子说："明天开会把×××的工资给我降下来。"周总监听从顾问的建议，温和地对他笑着，不置可否，当然也并没有照他说的去做。

可其他业务员来气了："周总监，是可忍，孰不可忍。你这样做，一点自尊都没了。"

周总监笑着说："我尊重大家提意见有不同方式。另外，在这个部门，最不需要自尊的就是我，我要销量。"

通过这样的细节，就能够向所有员工传达出自己的价值取向。

事实上，变革阻力通常来自以下几个方面：

1. 业务流程优化会对个别岗位人员造成利益影响，对既得利益的保卫形成了推进过程的阻力。

2. 业务流程的规范削弱了销售人员对于客户资源的个人控制能力，使得客户资源从由销售人员控制逐步转变为由公司控制。这在一定程度上受到了销售人员的抵制。

3. 由于信息流的畅通，销售人员的业务流程对于公司的透明度会大大增加,从而导致总公司针对销售人员的监控能力增强。这直接导致公司与销售人员权利与利益的重新划分。

4.由于新系统是对原有销售系统的重新定义,如果实施不当,便会直接影响公司的业务进程。这期间需要一个过渡期,而在这段时间里,首先公司的业务不能停滞,其次新系统需要试运行,以检查系统是否存在缺陷和不足。

根据这样的分析就不难发现,要顺利实施变革,公司高层强势推动和运行过渡期的"双轨制"是不可缺少的。

变革成效

销售业绩:当月考核成绩为正 10 分,前面一年的月考核成绩都是负数。次月上半月,史无前例地出现生产计划安排不过来的现象。

信息收集:客户资源集中管理,统一分配。新系统摆脱了以前客户资料手工管理的低效率和低准确性,使客户资料的及时性和准确性得到有力保障。

过程控制:公司能够通过 CRM、销售科和首代室三个科室监控全国销售和服务情况,使销售过程完全透明化。

团队精神:整个部门在短短一个月内大多改变了原来钩心斗角、互相排挤的不良企业文化,树立起团结互助,公开坦诚及以业绩为导向的文化氛围,有效地支持了变革方案的实施。

即便改革初见成效,但如果周总监的政治头脑不够成熟,还不能说可以笑到最后。咨询公司作为项目推动告一段落,接下来将转入长期顾问阶段。我给周总监的随后建议是:绝不争功,韬光养晦。

运用组织成长五原则进行组织诊断

如何判断自己的组织是否高效？如何诊断组织扁平化是否到位？判断组织架构合理性的依据在哪里？如何进行调整？如同机器人把感应器和执行器放在一起一样，组织成长五原则既是诊断工具，也是调整工具。

企业组织臃肿的原因

经济学家科斯说，企业大到一定规模就会变得官僚，从而导致内部交易成本大于外部交易成本。

一个组织变得臃肿有很多原因，其中最重要的一条是缺乏组织发展的基本原则。像所有的管理工具一样，组织架构的模板，诸如金字塔式、职能式、矩阵式等模式并没有给出设立的原则和边界是什么。管理咨询顾问会看似很专业地指出人力资源部的人数应该占比多少，财务部应该有个财务分析部门，而企业自己往往是处于发展过程中，"缺"什么就补什么，直到不堪重负。

组织架构是为功能服务的这一说法并没错，但组织架构该为什么样的功能服务，却不是能够简单地一概而论的。从管理内容上看，有管理企业的，有管理管理者的，有管理业务的。除了经营和业务管理之外，中间次生出一些管理风险的、管理人力资源的、管理文化的、管理战略的，这些次生的内容难以和透明的业绩指标相挂钩，于是考核方面的信息不对称就发生了，接着是管理方面的信息不对称也发生了，再接着是"帕金森定律"发生的环境出现了，最终就出现了组织臃肿情况。

我曾为一个销售额上百亿元的建筑企业做咨询诊断。该企业每年有 4000 多万元财产丢失，相比其百亿元销售额对应的资产流动额，损失不算特别大，但绝对数字确实比较大。为了解决企业管控问题，老板请了上海某大学一个教授带领的团队作为其长期管理顾问，公司规章制度近一米厚，某教授级内控专家也被请来做顾问。该公司在采购管理方面可谓严密：采购的没有价格决定权，有价格决定权的不采购。这种做法类似于业界的"战略采购架构"，但比其更加严格。

我在访谈负责询价审批部门的员工甲时，3 次被某副总的秘书因同一采购申请单签字问题打断。审批员工甲的说法是这个单子至少需要 3 个工作日的询价，可秘书要求下午就批下来。员工甲说那要走紧急采购程序，要上面的总经理批。第一次过来就解释了，可这个秘书还是又过来两次。员工甲尴尬地看着我说，你看，我说了好多遍她就是不听，我的工作很难啊。

你看出点什么了吗？对，如果员工甲一直都是这样拒绝，这个秘书是不会连续来 3 次的。这说明员工甲以前放过水，甚至是按例放水，今天情况特殊，有我这个顾问在旁边，而他又不好向秘书明说。看来是我给他们添麻烦了。事实上，监控部门沦为政府机构里的寻租部门，例子比比皆是，企业内部也不能免俗。

上面这个例子说明：在信息不对称的情况下，增加监督机构，可能会形成新的寻租单位。

组织臃肿的产生一般会经过图3-2所示的路径。

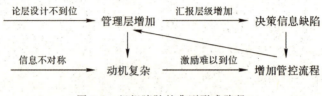

图 3-2　组织臃肿的典型形成路径

高效组织架构设计方法

日益激烈的竞争只认三件事：速度，速度，还是速度。"速度经济"已经成为21世纪经济学的符号。速度在传统制造和互联网领域占有越来越重要的地位。今天的市场不允许我们将各层关系从头至尾都汇报一遍，然后才做出决定。顾客不会等企业搞完内部的检查和协调，再来解决信任问题，在这之前他们早已去往别处。在"信息时代"，时间必须花在有价值的地方，即用在客户身上。

但是，占据主导地位的管理实践并没有和快速发展的外部环境步调一致，它和20世纪50年代的管理并没有什么不同。假如以过去的标准来发展，那么在可以预见的未来，对企业管理的最大要求就是要快速行动。企业要以经济环境为前提做出同步变化，根据这一原则来建立自己的机构。在信息经济时代，企业价值的增加不再主要依赖生产时间的延长，而是速度的提高。在企业发现问题，并对问题实行具体和有效的解决过程中，速度都起到了至关重要的作用。要做到这一点，我们必须改变以权力、内部竞争和管控为根本的企业体制。只有这样，才能更快地根据客户需要和市场变化做出反应。

高效组织的特征是：底层信息上传渠道通畅、决策权下放到位、能力与岗位匹配、激励措施到位。诊断一个组织是否臃肿，首先，从上到下看是很难看到问题的，因为本来上面的管理层获得的信息就要少于下面的操作层。其次，通常的诊断方法是通过访谈各个岗位来了解情况，但很容易被当事人误导，原因在于每个岗位的人都会强调自己的重要性。

正确的做法应该是：

第一，从下到上去检查，因为只有将一线业务优化的结果体现出来，才是调整组织的最佳依据。首先检查一线业务单元的操作模式（基因）是否合乎业务特点，从调整后业绩是否明显上升来判断是否是最佳模式。

第二，在确认一线业务模式正确以后，按照组织成长五原则审视每一个管理岗位是否达到了五原则的要求。通常情况下，五原则不可能同时得到满足。

第三，对于按照五原则诊断不能实现的部分，要按照五原则之间的逻辑关系进行调整：

1. 决策信息缺乏：主要指某些管理者每天在审批文件，但却没有足够的信息供参考。可以考虑信息上传渠道是否畅通，有时候虽然畅通，但有时间成本；或者下放决策权到拥有决策信息的岗位，但要确定这个岗位得到了足够的激励，这与第三条相关。

2. 决策权力不到位：一般指拥有足够的信息，但由于层级太低，没有决策权。如果能力及激励都到位，就坚决下放决策权。同时，这一条也和第五条相关，信息反馈是否充分也是对决策权不被乱用的保障。

3.能力或激励不到位:没能力或有能力不想干的结果是一样的。很多岗位的能力上限很高,但很少有人因为能力问题被调离。能力和领导力有很大关系。武大郎开店现象很普遍,所谓二流人才雇三流人才。同样一个岗位,由于员工能力不同带来的结果可能相差数倍,甚至更多。能力足够但由于激励不到位带来的问题就是动机不足,这涉及激励的方向和力度。激励包括物质激励和精神激励。激励是管理中最复杂的工作之一,需要管理者具备足够的洞察力,了解下属的想法、期望值,然后采取相应的激励措施。这一条是最难做到的,如果能做到能力和激励到位,其他几条就几乎没必要了。因为做不到,才需要其他方面的配合,这也正是组织存在的意义。

4.不符合组织绩效:绩效指标设置不合理,其个人或部门激励指标与整个公司的战略绩效目标不统一,以至于工作动机偏离组织方向。具体表现常常是个人或部门圆满完成任务,但公司整体绩效却没有完成,而且其中的原因就有这些拿全奖的部门或个人绩效与组织整体不匹配。

5.信息反馈问题:信息反馈不完全是所有低效组织的特点,原因包括缺乏反馈动机、制度设计不合理导致反馈成本过高及反馈时间滞后。导致这些问题的背后原因就是管理者或管理顾问把信息反馈的精力都放到了二线以上部门,结果越设置监督项,信息不对称情况越严重。正确的做法是,做好一线业务规范化,使一线信息反馈准确透明,以确保最高层决策信息不会出问题。而一线是最容易做透明的,这也是基因疗法的核心功能所在。

Chapter

04 销售管理
的基因疗法

目的、过程、顾客和地区是相互排斥的组织化依据,无论从组织的哪个层次、哪个单位来看,要得到某种分工方式的好处,就必须牺牲其他三种方式的优点。

赫伯特·西蒙 《管理行为》

在企业中,生产、研发等领域都已经有着成熟的一线业务模式,精益管理、六西格玛对于制造型企业也早已不算陌生。但是,采购和销售由于存在对外联系的复杂性,国内企业一直难以形成成熟有效的一线管理模式。

而在销售方面,虽然不少跨国公司已经给我们做出了很好的榜样,但遗憾的是国内企业一直没有跟上来。通常,销售管理按行业大类特色可分为两类:一是消费品零售,二是机构对机构的销售。

在消费品销售领域,可口可乐的底层设计无疑是最值得学习的榜样之一。我在1994年进入可口可乐做销售一线的市场代表时,上岗培训内容仅有一天,全部是标准化操作。而国内不少企业只学到一点皮毛——终端生动化、农村广告,真正核心的内容却被忽视了。目前,国内大多数消费品营销咨询仍在策划上打转转。

B2B营销也是这样,20世纪90年代我在美国菲斯克炼油中国公司做总经理期间,就了解到B2B营销的核心是分段式管理。可十几年过去了,国内的B2B营销95%以上还是没有意识到仅仅靠改变组织流程就能立即提高业绩分段式管理的好处。像菲斯克这样的跨国公司已经有上百年以上的历史,遍布世界所有开放国家,不能复制其成功经验十分可惜。

因此，通过"基因疗法"改变企业的销售管理势在必行。"基因疗法"在操作中既可以请有一线经验的资深管理咨询顾问操作，也可以由企业自己操作，但前提首先是必须对业务模式有深入的理解，了解标杆企业一线操作模式背后的原理。其次，改变的范围应该包括一线业务员和他们的管理人员，以留出执行的空间。必须先从管理人员开始，如果有管理人员抵触也不必勉强，可转而先对其手下的一线业务员开展工作。

销售基因的大小边界在哪里？确定这个大小边界的原则就是其能否承载全部的遗传密码。消费品基因疗法中的最小基因为一线销售员，其标准化操作又全面体现了组织发展五原则的内容，所以只要销售员标准化管理到位，整个基因疗法的基础就打牢了。而 B2B 销售的最小基因虽然也是销售员，但能够体现组织发展五原则的最小组织却是一个完整的销售部门：从市场开发，一直到临门一脚、安装售后。

消费品销售的基因疗法

消费品零售由于销售流程短,销售员往往在第一次拜访时就可以见到购买决策人。其中的关键是销售员行为的标准化,以及对标准化行为的监控,这样就保证了一线信息的真实性,从而减少了欺诈的机会。消费品销售的一线基因就是个人的标准化行为。

2013 年 6 月,可口可乐公司宣布终于要在缅甸恢复中断约 60 年的当地生产计划。在这之前,缅甸是可口可乐公司全世界范围内极少数没有业务涉足的国家之一,而从此之后,没有可口可乐的国家只剩下了两个——古巴和朝鲜。

过去在可口可乐采购部的工作经历使我了解到,可口可乐实际上是一家巨型加盟连锁公司,和麦当劳没太多差别。既然是加盟连锁模式,其最重要的特征就是操作的标准化。其在世界各地的装瓶厂只是其加盟商,可口可乐在其中的投资几乎可以忽略不计。

没有练过拳击的人,很少能主动打出上勾拳。拳击的八种拳法包含了所有能用拳击打的方式,而没有练过拳击的人也能打出几种,但基本

上都是高举高打类的。消费品营销也有类似情况,常见的策划师打法,
就摆出一种乱拳打死老师傅的架势:首先是"高空轰炸"——海量的广
告,然后是"乱拳出击"——强势非规范的终端拦截。而问题也是明显
的,其现象一是"广告上,销量上;广告下,销量下";二是终端被更不讲道
理的竞争对手拦截;在几个月最多一两年的促销过程中,销量相差 10 倍
乃至百倍的情况比比皆是。

究其原因,一是轰轰烈烈的招商导致经销商误判,以致渠道囤货过
多,下水道不畅通,最后削价砍货现象频繁出现,缩短了产品的生命周
期;二是由于销量先大后小,生产波动极大,生产成本上升,当前期为大
销量生产设备投入过大后,后期销量顿减,甚至会导致企业资金链断裂。
因此,即使促销的这段时间从营销部门看是盈利的,但从整个企业的发
展上看却是完败,因为没有几个企业家会只想做两年就收手。生产设备
买回来值钱,卖出去就不值钱了。

中国营销界、策划界普遍认为,品牌决定了企业的命运。之所以大
家觉得这样的理论听起来很合理,很大程度就是源于一个可口可乐的故
事。人们经常引述可口可乐公司老板的话:即使我的工厂被大火烧光
了,只要有我的品牌在,我马上就可以恢复生产。因为我的品牌价值也
值几十亿美元。那么,可口可乐的品牌是如何在 110 多年里建立并稳定
发展的呢? 很多人看到的是可口可乐精美的广告,毕竟漂亮的东西更能
吸引人的眼球。但仔细观察,我们就会发现,即使可口可乐有新品上市,
也很少用海量的广告来"高空轰炸"。是可口可乐没钱吗? 显然不是。
当然,更不是可口可乐公司请不起策划大师。

在 1994 年的夏天,"火炉"武汉高温如蒸笼,我作为可口可乐最基层
的市场代表,一周 6 天骑着一辆破单车,从早上 8 点到下午 6 点按照每
日的拜访路线,拜访从副食批发到冰棒摊的客户。那时,我和我的同事

消费品销售的特点决定了
它的基因就是一个个销售员。

最大的牢骚是：世界第一品牌可口可乐为什么不做广告，而只是让我们带着招贴画一家一家跑？其实，在后续整整 3 年中，可口可乐都没有电视广告，也没有报纸广告。那么，可口可乐是不是因为已经是知名品牌而不需要广告了呢？显然不是，作为最基层的销售员，我十分清楚刚开始推广的困难：经销商说可口可乐像药一样难喝，不肯进货。在武汉的东西湖区，我首次送去 30 箱货，两个月只卖了 9 瓶。可是在第一年，可口可乐的市场占有率却从年初的 8％多一点上升到了年底的 86％。

从终端通过标准化销售就是可口可乐的上勾拳，此拳从下面发力。当渠道不要货时，没关系，我们让终端副食品店进货。最后，当副食品店去批发渠道进副食，指明要可口可乐时，就会逼得渠道找可口可乐公司要货。大家知道 3 年后是什么情况吗？那时候，渠道就是每年亏几十万也要进可口可乐，因为不能少了这个品种，规模小一点的副食品批发已经被拖垮了。为什么要亏？因为可口可乐公司给渠道的价格比给超市的还要高。这个情况也非常像我在做农药营销咨询时碰到的德国拜耳的做法：前期在农村终端花钱做促销，渠道"专家"说他们傻，是亏本赚吆喝。两年后，渠道还说他们笨，指着仓库里的拜耳货对我说，如果不是农民要，我才不进他们的货呢，一点利润都没有。呵呵，到底谁笨？

外练筋骨皮，内练一口气。广告、促销就像外在的筋皮骨，容易练，也看得到。难就难在内练一口气。可口可乐的这一口气是一项系统工程，核心在底层设计：基于底层市场代表的标准化操作，中层通过底层客户卡的及时信息实现管理到位。这些东西，外表很难看到。而红桃 K 只学了可口可乐一点皮毛，就突破了保健品普遍一两年的寿命，有了十几年的发展。2002 年，我拜访他们，他们才意识到只知皮毛是不够的，刚刚请了可口可乐和宝洁的人过来做高管。

上勾拳不是看外表的手臂发力，而是从脚上发力（从基因出发，市场代表标准化操纵),经过拧腰传输加力(规范的客户卡管理,信息上传完整),然后才是手臂发力上勾(终端生动化铺货率、促销、无所不在的低成本招贴画广告)。

可口可乐的上勾拳,作为一个系统工程,没有一般消费品上市那么轰轰烈烈,当然生产也不会大幅波动。而终端扎扎实实的底层工作,却让竞争对手产品很难拦截,而且可以倒逼渠道,让渠道成为老老实实的物流角色。

B2B 销售的基因疗法

　　谈到营销，人们更多联想到的是消费品营销那种铺天盖地式的广告、促销、精美包装以致形成的社会影响力。但还有一类产品的营销更多的是在悄无声息中进行的，它们没有家喻户晓的认知度，也没有铺天盖地的广告。它们不易被人察觉的原因是因为它们只是用在生产最终消费品的制造流程中，或只是某种消费品的部件或原料，比如钢板或香精之类。但它们却实实在在可以策划，而且较消费品营销更能体现出策划的效果，因为它们不会出现一半的广告费不知浪费在哪里的现象。这就是 B2B 营销。

　　由于 B2B 的产品使用年限和技术复杂度高于消费品，所以其客户类型、销售过程、客户采购决策流程都大不相同。它必须有个足够大的基因才能装下遗传密码。在 B2B 营销中的常见问题有：

　　1. 重分片管理，轻分段管理：按区域分片，而不是按销售过程分段。

2.过程管理失控：分片后，只能考核结果，导致过程失控。

3.企业资源变成个人资源：客户资源掌握在个人手里。

4.费用难以控制：由于过程不透明，费用审批失去依据。

5.企业良性文化难以建立：个人承包后，单打独斗。

6.老板在营销领域难以脱身：为避免主要客户资源流失，老板只有亲自上阵。

7.销售明星难以管理：掌握主要客户的销售明星，尾大不掉，难以管理。

8.客户开发、服务难以控制：针对结果考核，长远目标难以落实。

B2B 的基因疗法特点

我有一位朋友刘总就是经营工业品的，如今他的最大烦恼是：为什么质量上来了，成本下去了，可销量仍在徘徊？

每当一向自信"有好的产品就一定能有好的销售"的刘总回首审视营销部门时，总是不禁暗暗摇头：还是起家时的那些老面孔，新人永远被排挤，素质差导致大客户打不下来；各办事处完全成为个体户，互相之间串货，钩心斗角。更糟糕的是他分不清到底是谁在做事，而谁又在混日子，每次召集上来讨论销售目标都让刘总头痛。

能想的办法他都想过了：为了激励他们，加大提成比例；为了加强刺激，各办事处的员工工资都由主任自垫，最后都在年终提成中扣除。企业看来不吃亏，可现实是越来越乱，企业资源变成了个人资源，整个销售市场都有失控的感觉。

刘总的问题并不是个例。毫不夸张地说，国内 80％以上的工业品生产企业都用消费品销售模式销售自己的产品，而消费品营销的最大特点就是"分片"。在这种情况下就会出现种种问题，例如：由于业务员素质不一导致关键客户流失；没有过程管理，无法有效管理营销过程；只考核销量，导致业务员管理失控。

分片管理存在的问题是，无法判断业务员的业务能力及努力程度如何：一是因为这个片区的情况只有业务员本人知道；二是因为能踢临门一脚的业务员必定不多，如果只放到片区，将会造成人才浪费；三是无法考核业务员的主观能动性，因为此种情况下，只有包含了大量客观原因的销量可以考核，同时销售管理人员可以通过调整片区来进行寻租；四是在企业业务员用掉大量业务费用建立客户网后，往往企业资源就变成了个人资源，导致管理失控。

作为机构购买者与机构供应商之间的商务行为，B2B市场与消费品市场有着显著的不同：

1. 客户的不同：用户规模大，数量少，布局分散，类型多。导致营销攻关过程长，难以短期内就在客户中形成影响力，品牌传播困难。

2. 产品的不同：技术复杂，成本高；要求业务员既懂技术，又要协调用户内部工程师、使用人员与行政主管间的关系。

3. 购买习惯的不同：非冲动型购买；长时期酝酿，多部门、多层次的集体理性决策。

此外，我们还可以概括出 B2B 销售的 7 大特点：

1. 开发周期长：从初次拜访到最后成交过程非常长，大部分需要数月到数年。

2. 客户开发的连续性：由于周期长，一段时间内有跟踪的客户、投标的客户，还有潜在的客户信息收集，等等。其开发过程是连续不断的。

3. 偶然性市场：由于成交的复杂性，订单成交很难做精确的计划，往往下单都是在偶然间。

4. 老客户的重要性：由于存在售后服务收入，再购买以及口碑，维护老客户比开发新客户的成本低，创造的价值更高。

5. 成交促进和规划：临门一脚是 B2B 销售的关键，策划好招投标是保证前期跟踪投入回报的重中之重。

6. 样板客户的力量：没有什么比参观样板客户给潜在的客户冲击力更大的销售手段了。

7. 量变引起质变：从收集信息，跟踪订单到成交，都是在大量的电访、走访的基础上成功的。这里，大数原则永远存在。

基于这些特点，我们就不难总结出 B2B 销售的基因疗法——分段结合分片。

事实上，B2B 销售的核心就是一方面要对销售过程进行分段，专业人做专业事，另一方面则要对每段信息汇总考核，让销售过程透明化。这两个方面都涉及销售过程关键信息向管理者转移的问题。管控失败的原因也就是信息转移失败，存在信息不对称问题。在此销售员的欺诈行为背后的原因虽然没有采购员那么严重，但可能导致的结果却是一样的，即让管理者失去信息权。在混迹咨询市场这十多年间，我做任何一家企业的 B2B 营销咨询，都可以仅仅靠改变组织流程及考核模式，就立即让其大幅提高业绩。

分段管理可以将销售过程纵向分割出基因疗法的最小单元：

1. 市场开发阶段：通过培训、峰会等形式催热市场。

2. 信息收集阶段：通过 CRM 管理和电访联系客户。

3. 项目跟踪阶段：通过业务员联络客户科长级人员，跟踪项目。

4. 签约成交阶段：通过首席业务员参与招投标、重大回款、客户严重投诉等事件，解决关键的临门一脚问题。

这种管理方式第一是解决了高级人才的使用问题，做到专业人做专业事；第二是解决了考核难的问题：行业峰会考核聚众情况和达成意向情况，CRM 考核资料完整率和电话数及问题发现数，项目跟踪只考核信息收集完整及准确率；负责签约成交的不考核，纯高工资、高信任度，激励到位。

当然，最重要的一点是，B2B 销售的基因疗法必须有良好的团队文化作支撑。

最关键的基因部分：首席代表

B2B 销售按照分段式营销模式，基本上都会经过市场启动、信息收集、项目跟踪、签约、安装、售后服务等几个阶段。其中最核心的，就是签约时的临门一脚由谁来踢。这个人物，我们通常把他叫作首席代表。首席代表除了临门一脚的工作外，还有完成重大回款及纠纷等事件的处理工作。我在一个项目中曾有一个首席代表，每次遇到招投标或重大问题就由他出马。他可以在和客户第一次见面中就搞定问题，这看来非常神奇。那么，首席代表到底应该具备什么样的素质呢？

第一，敏锐的洞察力。

曾经有一个顾问同事专门请我喝茶，求教他以前在某地产公司工作时遇到的问题："我看中一块地，汇报给领导。领导给我使用 120 万费用的权利，要我拿下这块地。我在一年中，见了房地局某处长 10 次，见了分管副局长数次，花了 20 万经费，最终还是没搞定。这是为什么呢？"

我的回答是这样的："且不管你的做法是对是错或有没有法律和道德问题，你见了对方那么多次，却连他想要什么都没搞清楚，这就是问题所在。你的洞察力有问题。"

一个好业务员和一个差业务员的区别就在洞察力上。

多年以前，我在帮助一家企业做汽车漆营销的时候，遇到某车厂汽车采购员刁难，公司老总搞不定，最会忽悠的营销总监也没搞定，价格从 105 元降到 82 元还没搞定，因为竞争对手的报价已经降到了 75 元。最后，我这个顾问毛遂自荐去某车厂跑一趟。与对方采购员坐下交谈了三分钟，我就洞悉到对方的弱点。于是，我直接将价格抬到 88 元。对方采购立即离开座位不再理我们。跟我一起去的技术科长，已经慌得脸色都变了。我跟科长说："即使我们现在开车离开，他也会追上来。"科长问："为什么？"我就回答："因为用来压我们价格的那个竞争对手的产品，对方车厂会担心产品质量，毕竟从来没有用过。而这个担心在前三分钟的交谈里就已经表露无遗。"果然，过了一会儿，对方采购又走过来："87 元怎么样？"我说："你谈 87 元，我就和你谈 105 元，因为你压那 1 元钱压得没有道理。"最后，这笔生意以 88 元签订了合同。

第二，强大的谈判能力。

介绍谈判技巧的书到处都是，这里就不再赘述了。在中国，要做到谈判到位而不伤和气并不容易，最好的办法是不战而屈人之兵。还是以上述汽车漆谈判为例，在去之前，我就知道对方采购员会以他们销量大及我们老总很钦佩他们老板来压价。所以，在会谈一开始，我就说明：第一，这次来我们老总说了要尊重你们，但也给了我两个选择，即做和不做都行，就是一定要尊重；第二，本市场部目前正在调整，由于公司目前对我们考核利润，不再考核销量，所以我们正在删掉一些不赚钱的客户。这两句话说完，我就已经把他的桩脚打掉，就像在摔跤运动中，他找不到可支撑的着力点，重心已经不稳。因此，下面我想往哪个方向摔他都可以，而且不会闹到红脸。

首席代表一般都能熟练运用谈判三要素：信息、时间、权利。对这三要素的掌控，大多数首席代表是无师自通的，但想要老练地运用，则需要不断积累，绝不是只看一两本谈判的书就能达到的。毕竟这里的谈判不是一锤子买卖，B2B销售注重的就是细水长流，以及客户的辗转介绍。谈判中培养友谊，以致在专业上的惺惺相惜都是常见的场景。

第三，历经风雨的镇定和自信。

很多公司都给业务员准备了拜访语术。可实际情况是，说同样的话，未必有同样的效果。这就是首席代表特别的地方。

我们公司曾给自己的首席代表和一般业务员都做过角色扮演录像。在录像中，首席代表镇定自若，一般业务员由于紧张而手足无措。翻一翻双方的履历，就知道首席代表有过1993年期货起步时做经纪人的经历，要见100个以上的老总才可能做成一单，而这种天天被拒绝的经历造就了他今天的镇定自若。一个首席代表一走进客户的办公室，即使一句话不说，也能给人带来自信的气势。这不免令人想起《世说新语》中所记载的曹操的一个典故：据说，有一次匈奴派遣使者前来觐见曹操，曹操担心自己外貌丑陋，不足以震慑外邦，于是就想了一个办法，让外貌威武的崔琰冒充自己接待来使，自己则拿着刀扮成一个卫士站在一旁。接见完使者之后，曹操便派人暗中去询问匈奴使者："魏王如何？"使者回答说：

"魏王雅望非常。然床头捉刀人,此乃英雄也。"(魏王风采高雅,非同一般。但是座位旁边拿刀侍立的这个人,才是一个真英雄啊!)由此可见,真正的英雄总有一种不凡的气质,决非身材、相貌、服饰等所能掩饰或冒充的。

第四,独特的亲和力。

我曾经介绍一个朋友甲去另外一个朋友乙的公司销售医疗器械。一年后,那个做老板的朋友乙来向我抱怨甲:"这个人看起来不错,敢于见院长,谈话也可以。可是一年花了 20 多万元,一单也没有成。"问题在哪里? 问题在于甲虽然谈吐不错,但难以交到朋友。而朋友乙往往和院长见上一面就成了朋友,只有成了朋友才好谈其他更深入的话题。

首席代表没有亲和力,就变成了只开花不结果。厉害的首席代表还能在首次见面的饭桌上就把重礼送出,并且完全照顾到对方的自尊,这就更是高手了。

首席代表可遇而不可求,中小型企业往往就是老板本人充当这个角色。首席代表在业务上一般不分区域,哪里要下项目就去那里。首席代表的个性一般都比较强,这是与他的工作性质相匹配的。没有个性的人如何能给客户留下印象? 但个性强的首席代表往往又是颇令老板头痛的。其实,很多老板可以反省一下,自己当年不就是因为个性强才出来自己干的吗? 做老板是求财,而不是求自尊的。这点不成问题的问题在中国却成了一个普遍的大问题:老板的自尊、面子高于一切。

首席代表是 B2B 销售的核心,也是公司销售部门取得良好业绩的关键。就凭这点,老板们也要放下自己的自尊,学学美国第一华裔 CEO 王嘉廉。王嘉廉的公司曾有一个员工和副总裁发生冲突,一拳把副总裁的鼻梁骨打断了。事后的处理出乎所有人意料,那个员工不但没有受处分,反而被提拔了。别人问王总缘故,王嘉廉便说:"他能干,你让我怎么办?"

B2B 销售基因疗法的操作步骤如图 4-1 所示。

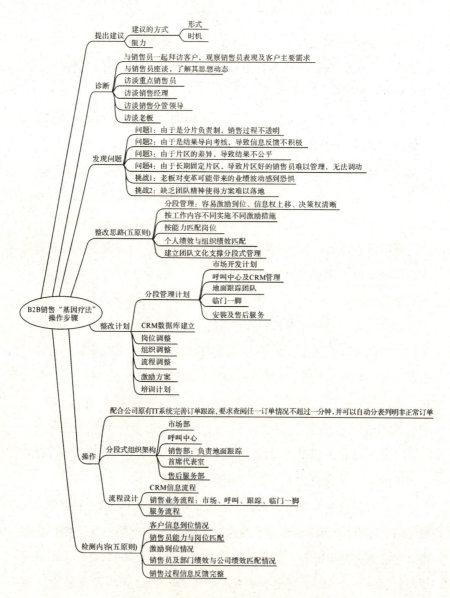

图 4-1　B2B 销售"基因疗法"操作步骤

【操作手记】
B2B 经销商管理变革案例

老纪年纪不大,40 岁出头。说起来,他在业内也算个人物,由代理备件到代理整机,短短不到两年就把同一区域的做了 15 年的整机代理商挤垮了,在业内很是风光了一阵,厂家请的咨询公司都把他作为案例了。

2011 年前后,我作为厂家的顾问曾拜访过他,交谈中很是投缘。不知是因为我能喝酒还是我的管理理念吸引了他,之后他就常来电话邀请我去看看,即使他的厂家已经请了营销咨询公司:"来吧,你们那里热,我们这北方海滨城市凉快,我提供五条龙的服务。"

老纪在当地临近的两个城市有四个店。说实在,我最担心的是因店多、分散而造成管理失控、费用流失。一路拜访下来,我的心放到了肚子里,不由得感叹这里的民风纯朴。但与此同时,老纪在员工心目中过于威严的形象,以及员工在他面前战战兢兢、不敢直言的样子让我产生了另外一种担心。

三杯酒下肚,老纪才吐出了真言:"这两年业务停滞啊!"

我平静地说:"让我先和你的员工聊聊吧。"深入一线,了解一线员工的想法是我一贯的工作法宝。

访谈结果很常见,代理品牌是二线品牌,客户很挑剔。发展下线经销商条件难谈,即使做进去,往往也是作为补充品牌,难以成为主打品种。小单可以谈下来,大单往往连门都进不了。杀价,杀价,永远在杀价。

回头,我便问老纪:"多久没有和员工做深入沟通了?"

老纪挠挠头:"很久了。"

"我明天给员工做个培训吧。"

"好好好!"于是老纪兴奋得张罗开来,"陈'教授'明天给大家培训,通知各店所有人员下午一点到总店参加培训。"

我提议:"买箱啤酒。"

"什么? 培训要喝啤酒?"

连女秘书也嘻嘻直笑:"这是培训还是开派对?"

老纪眼睛一转,明白了我的意思:"喝酒,过啤酒节嘛。"事实上,这箱啤酒能否浇开员工与老板隔阂的块垒,我也没抱太大期望,只希望能做到畅所欲言就不错了。

酒斟上了,培训开始。我清楚和营销人员在一起培训也好,开研讨会也好,总是要面临他们的挑战的。这次不如先让他们讲问题。我也表态,如果我回答不了他们的问题,我立即下课。

问题一:客户说我们质量可以,价格太贵,所以总是面临杀价问题。

答:在这里,价格不是价格问题,价格是成本问题。不是我们的成本,而是客户的使用成本问题。既然承认我们的质量好,就说明在他们使用过程中,故障率比较低,所以会降低他们的使用成本,相比这点差价又算什么呢?

问题二:每次客户用我们的设备总是要试用一段时间,而且一点小故障就要退货。而一些国外品牌的设备就不需要试用,而且故障出现了也好协调。总之,我们的产品很难做。

答:如果我们的产品好、品牌好、质量好,那么我们还算在做销售工作吗?诸位就变成送货员和收款员了。正是因为还有质量不那么好的、品牌不那么好的厂家存在,才有我们这些代理商生存的理由。

问题三:大客户做不下来怎么办?

答:依你们现有的能力,大客户当然做不下来。刚才看到你们老板书架上有本书《卖产品不如卖自己》,我改一下:卖产品不如卖老板。谈不下的大单,一定不要勉强,立即反映给老板,让老板去谈,甚至要求厂家派专家来谈。因为你们现在跟大客户还不能做到素质对等,所以难谈。

问题四:销售过程中,谈不出差异化这么办?

答:这就是我下面要在贵司实施的营销变革理由,我们可以做出差异,并且能做到的就是建立自己的服务品牌,它独立于代理的产品之外,又服务于代理产品销售。

培训结束,秘书还在清扫一地的瓜子壳,老纪就迫不及待地把我拉进他的办公室,问:"刚才你说的服务品牌该怎么做呀?"

我笑了一下:"现在,你的员工表面上认同我的说法,可要他们一起来把服务行为标准化,并坚持下去做成品牌,在思想上还有相当大的距离。首先要加强执行力建设。"

"怎么做?"

"在公司及各店实行早晚会制度。说出的,一定要做到。做不到,就要罚,要奖罚分明。军中无戏言,老板说话算数,员工执行到位。不搞反复说教这一套。"

离开老纪这些天,仍然放心不下。又电话沟通了一下。老纪说:"做不到的都罚了,说了就要做嘛。"

我说:"不错,业务量要上来,你这个大业务员要占新业务量的70%~80%。要给业务员提出帮你预约大客户的指标。"

老纪问:"是不是要制定制度?"

我回答:"罚要先说明,奖励要有意外性,给他们点意外之喜。公司不大,还是先忘掉制度吧!"

这些变革建议或许不符合科学管理的内涵,但我相信管理更多的是一种洞悉人性的艺术。

跨国 B2B 营销的基因疗法

AC 公司是世界领先的机械设备公司，来到中国已经有 20 年。这几年却为了 CRM（客户关系管理系统）不能有效落地而头痛。我们接到这个项目后，很快知道我们的对手是一些著名的跨国咨询公司。我有信心的原因是我知道 B2B 营销有着全世界共有的规律，而这些规律已经被西门子、麦肯锡等巨头总结得非常到位了，而需要我们本土咨询的关键，就是因为涉及了复杂的本土文化问题，以及执行力问题，等等。

在我们第一次拜访客户时，客户详细介绍了 CRM 执行中的各种困难：输入过于复杂的问题，后台资料问题，网络问题，等等。同时，客户对该变革项目提出了"业绩要提升，新客户比例要增加"的要求。

于是，我们的意见是：先忘掉 CRM，公司的问题出在业务流程上。现在的经理只关注结果，忽视了对业务过程的管理。经理不做过程管理，当然没有动机使用 CRM。而 B2B 销售如果没有过程管理，就和没有管理一样。

2010 年 2 月 3 日，英利绿色能源宣布成为 2010 年南非世界杯足球赛官方赞助商。"向来低调"的英利突然高调赞助世界杯,一时吸引了无数眼球。各方对此大感意外的同时,也形成了不同的意见,一夜成名的"英利式营销"也饱受质疑,特别是对于其产品并非快速消费品,却采取了类似于可口可乐、麦当劳的营销方式。最后,专业人士指出,欧美发达国家居民应用太阳能的潜力很大。数据显示,德国光伏市场已接近50％属于居民屋顶。这些数量庞大、分散的居民用户往往只会根据企业知名度选择购买太阳能光伏设备。英利赞助世界杯,无疑能加大其品牌在普通老百姓中的印象。

如此说来,英利本质上就不是百分之百的工业产品了。那么,工业产品的营销有什么特色呢?而跨国 B2B 销售又会存在哪些问题呢?

即使是销售给企业的 B2B 产品,也会因销售的客户不同而存在不同的销售模式,例如,工程机械是一种显然不属于消费品的产品,但在我国最终购买者居然是以个人(个人购买出租)为主的。即使同类工业产品的销售模式也会由于型号的不同而不同,比如大型设备与小型设备相比,销售周期就会更长。一个典型的工业产品销售过程相对于消费品是非常漫长的,短则数月,长则两三年。

B2B 市场的特点决定了 B2B 销售管理必须对过程进行"基因疗法",而在这个过程中,分工能够更有效地发挥各个层次专业人士的特长。不论是中国企业走向国外,还是国外企业进入中国,这种对过程实施"基因疗法"的模式都是走向成功的有效路径。

1989 年被逐出广交会的飞跃缝纫机的邱继宝没有自暴自弃,相反地,他花了 500 元在罗湖口岸找了一个回港人士帮忙买了本香港的黄页电话号码簿。通过逐个给港人寄样本和照片的"笨"办法,他结识了香港针车有限公司董事长冯文杰,使飞跃缝纫机于 1989 年打入了香港市场。不久之后,他又从政府机关部门借了一个翻译,背上缝纫机踏上了"进军"拉美、非洲之路。飞跃创业初始,靠邱继宝一个人完成了工业品销售的全过程,随着公司的壮大,建立了国外贸易部,开始了销售过程的分工。

德隆控股的合金投资生产的电动工具产品百分之百出口,由于缺乏品牌支持,产品在国际市场上竞争力不强。为了改变公司在国际市场上没有国际品牌的"不正常现象",从 1999 年开始,德隆的行业研究部门开始对全球的机电行业进行认真调研和仔细筛选,最终选择了美国的缪勒公司作为收购目标。2000 年下半年,德隆下属企业沈阳合金同美国缪勒公司结成战略联盟,通过缪勒公司成熟的销售渠道,对国内小型发动机及其下游产品进行整合,产品顺利进入了国际市场。

德隆对缪勒公司的成功收购印证了德隆国际化战略的途径:在全球范围内整合传统产业市场和销售渠道,一次性解决了复杂的工业品销售管理问题,提高中国传统制造业产品的市场占有率和市场份额,以此重新配置资源,通过国际区域分工优势的整合,创造更大的价值空间。

无论是飞跃从电话黄页开始,还是德隆、英利的高举高打,都不能回避 B2B 销售独有的特色:产品复杂、销售周期长,对专业人才要求高。

做好专业分工及"基因疗法"才是 B2B 企业必须要修炼的内功。所谓"练拳不练功,到老一场空",像 AC 这样的国际行业巨头也不能跨越练功阶段。大家共同的问题是,我们是否具有"基因疗法"的文化? 如果没有,如何去建立? 这也正是我们要帮助 AC 及其他国内外企业做的工作。其改变过程是:先通过变结果导向的激励方式为过程导向,形成团队文化,造成对客户关系管理系统的"饥渴",最后通过客户关系管理系统完善销售的过程管理。

五招搞定小宗原辅料销售

大宗原辅料销售通常多依赖于厂家硬件——价格,而在小宗原辅料销售中策略软件——服务更重要,也更值得探讨。小宗原辅料量不大,但利润不一定小。

第一,深入了解客户潜在需求。

价格,价格,很多销售员一谈到销售就是价格问题,好像没有低价就无法出去销售了。我曾经在接受一次老外面试的时候被问到:"我们的产品目前在中国的销售遇到瓶颈:客户反映我们产品的质量确实不错,但价格太高,几乎比同行贵 50%。你如何处理这个问题?"这个问题对销售可能是有点难度,可咱干过采购啊。于是,我反问了一句:"我们的产品在客户最终产品中所占的成本是怎样的?"老外说:"很小的比例。"我便回答:"在这里,价格不是价格问题,是成本问题。这个成本是客户最终产品的维护成本。从物料属性上来看,客户的这个采购属于质量采购,而不是成本采购。即对质量的考量远大于对价格的考量,原因是如果最终产品出厂后,由于小宗原辅料出现质量问题(或寿命问题)退货或附加服务所造成的损失将远远大于那 50% 差价形成的金额。所以，可以告诉客户，我们虽然贵，可还是给他们降低了成本。"毫无疑问，以小宗原辅料作为其最终产品的质量短板将得不偿失。

小宗原辅料不同于大宗原料，在生产厂家的采购过程中，它只占最终产品的一小部分，在这种情况下，往往质量、到货时间、售后服务比价格因素更重要。

因此，了解采购的价值导向非常关键。一般原辅料采购分为 3 个导向：

1.质量导向型采购：一般指小宗原料采购，占原料比例不大，但对质量要求很高。

2.服务导向型采购：小批量、频繁采购，如化学试剂，要求到货时间紧，对服务要求较高。

3.价格导向型采购：一般指大宗原料采购或固定品牌采购。

在充分研究供应产品性质的基础上就可以找到合理的应对方法：以质量为导向的，找出同类不同质量产品的信息，通过比较强调自己的质量，能够给对方带来成本降低的成果；以服务为导向的，将服务过程复杂化、标准化，使竞争对手难以跟进，从而增强对客户的黏性，如海尔的服务品牌；价格导向型不在本书讨论之列，但应尽可能将简单的价格比较引申到我们擅长的方面，通过复杂化其过程，建立我们的信息优势地位。

最终的目的就是通过复杂化销售过程，拥有相对信息优势，从而建立顾问式销售以获得订单。

第二，巧用价格分歧。

在某城市，化学品供应市场充满欺诈和服务不到位的现象。对化学品供应要求较高的合资企业难以找到合格的供应商,而对于小宗原辅料,合资企业是不可能像它们采购大宗原辅料那样通过认可供应商来保证质量及服务的,只能通过一般经销商来采购。于是,有人挺身而出,成立了以经销此类原辅料为主的化工公司:承诺绝不卖假货,且本城市内有的货 24 小时内到货,中国大陆内有的货一周内到货。结果,不到 4 个月他就做下来当地的可口可乐、统一、康师傅、百威啤酒等客户,可一算账,却发现做亏了。他为了保证"诚信",好卖的毛利不超过 30%,而其间服务越好,损失就越大,例如快速送样、送货,保证质量,甚至有时吃亏,如买次氯酸钠,上游厂家一定差称,而且是国营企业,没办法追究。下游客户"统一"到货,车要过磅,每次都要亏。

他的问题在于没有搞懂价格歧视(price discrimination)。张五常教授在《卖橘者言》中谈到:同样的货品,同样的成本,以不同价格出售,叫作价格歧视。这是经济学上的一个热门题目。要在同时同地用不同的价格将商品出售,就要尽量将顾客分开,若要将商品出售,就要使顾客相信自己所付的是"特价"。若没有价格歧视,生意是很难不蚀本的。

在这里,价格的信息费用相当高,而这信息卖者要比买者知道得多。小宗原辅料交易,由于采购方没有足够精力考察市场,以及市场上价格波动频繁,容易形成有利于卖方的信息不对称(有了卖贵一点的可能性)。另外,只要买者相信自己议定的价够便宜,他不会再费时费力去查询,也没有意图去公布自己的买价(在一个地区各个买方是独立封闭的),这就给卖方在不同的客户那里卖不同的价格留下了机会。

信息较少的人付价较高,至于付多高,要看卖方掌握的"度"是多少,绝不能像上面那个例子固定在 30%,因为小宗原辅料的总额不高,相关费用却相对较高,如几百元的货,送样及送货服务加上结账等费用就可能超过 30%。

有些经济学者认为，在某些情况下，价格歧视是唯一可以赚钱的方法。反过来就是说，不二价是会蚀本的。

总结下来，就是我心要"黑"一点，你懂的，我少赚点；你不懂的，百分之百的毛利也是可以想象一下的。

第三，实施水平战略。

小宗原辅料在做大客户时面临的问题是由于销售额不大，导致销售费用比例过大。

我本人在做采购时，发现了一个有趣的现象。有两个阀门供应商，一个是代理国外某著名品牌的地区独家代理商，一个是国内阀门经销商，起步时间差不多。我很看好那个独家代理商，一是独家，二是其员工素质远比国内经销商高，都是大学毕业的。但几年后，国内经销商已经做到上千万元规模，可那家独家代理商还是规模很小。直到有一次，我去国内经销商处拜访时才明白了其中的奥秘。我发现，那个学历仅为小学毕业的老板，在办公室里放了不少成条的卷筒纸。我问："放这么多卷筒纸干什么？"老板回答："这是统一要的，呵呵，他们要什么，我们就供什么。到后来他们就很难离开我们了。"

所谓的水平战略，理论上是指企业在充分调查目标消费者的基础上，通过了解目标消费者的其他需求，选择其需求范围内的某一个或几个行业的厂商，并组成战略联盟，更好地满足目标消费者需求的一种企业行为。其实，少量代买行为也可以算作水平战略，就比如卷筒纸。

水平战略的最终目的就是通过更好地满足消费者的需求，来提高对客户的粘附性及降低销售费用比例。既然已经进到客户采购部了，做十笔业务比做一笔业务的销售费用占总销售额比例一定要小很多。

对于实施水平战略的企业来说，可以在构筑针对其竞争对手的更加稳固的防线的同时，大量吞食竞争对手的势力范围，扩大本企业在本目标市场的市场份额。这是因为,当你的竞争对手只能满足目标消费者某一个行业内的需求时,你却可以通过实施水平战略和你的战略同盟们一起,在更宽的领域,更方便快捷地满足目标消费者在多个领域内的需求,如此一来,目标消费者的购买选择肯定会倾向于实施水平战略的企业。

对于目标消费者来说,则可以得到更多的实惠和便利,其主要包括两方面的内容:第一是物质上的实惠,也就是目标消费者在购买本公司的产品的同时,可以较优惠地得到其所需要的其他行业的某企业的产品。由此,目标消费者可以省去很多跑路的时间。不过,一般说来,对于消费者的便利和实惠,都是合二为一的,既有物质上的,又有精神上的。

通过上面的分析,我们可以看到,通过实施水平战略,无论是对于本企业,还是本企业的水平战略伙伴,或是目标消费者而言,都是非常有利的。我们同时也知道,谁能够比竞争对手更加方便快捷地满足目标消费者的需求,谁就更有可能在与竞争对手的竞争中处于不败之地。可以说,水平战略为我们的小宗原辅料供应商,特别是处于劣势的供应商提供了希望。

第四,掌控稀缺资源。

我有一个朋友是做润滑油代理的,在区域同质化竞争激烈的情况下,他却做到了一枝独秀。究其原因,关键是他的品种齐全,尤其特别的是他代理了德国克虏伯的润滑油、美国菲斯科兄弟食品级润滑油等非常特别的品种,而这些品种是可口可乐、百威等厂家必不可少的,他也以此带动了普通品种润滑油的销售。

小宗原辅料虽量小,但某些特别的品种是客户不可或缺的。作为经销商,可以尽量争取这些虽然量小、但属于稀缺商品的区域独家代理,以此带动其他品种的销售。

第五，服务要看成本。

小宗原辅料对库存、送货时间、送样服务等都有较高的要求。同时，由于交易额不高，销售成本难以摊销。所以，在尽量满足客户需求的同时，要指出我们的服务成本在那里，而这些额外支出的成本希望采购能在其他可能的项目中冲掉。这就需要非常高的相互信任。同时，也要看准对方采购员是否有能力解决你的成本问题。如果不能，是否有可能通过他的上级解决这些问题，以及考虑如何让他的上级做出补偿的决策。

本人在做小宗辅料销售时，由于额外的服务不好意思向客户提出补偿，结果是自己亏损关门。当时统一的采购经理打电话问我为什么关门了，我回答："那种服务让我亏得受不了。"他说："你怎么不早和我说呢？我们很认可你的服务。"

从采购方来说，小宗原辅料价格不是问题，质量和服务才是重点。由于"小"，采购方没有太多精力了解质量细节，会被质量差的钻空子，采购方也很担心这一点。作为销售方，在采购方那里建立信任很关键，除了人的因素之外，通过附加其他产品销售，加大销售额，也是建立信任的重要途径。在分段模式里，售后服务占的比重往往是比较大的。

Chapter

采购管理
的基因疗法

企业有着自相矛盾的双重性格，它们一方面要求员工像企业家那样行事，另一方面却又给他们套上枷锁，就好像企业只给员工 300 马克的决策权，却又希望他们会具有企业家一样的创新精神。

莱恩哈德·斯普伦格

《个体的崛起》

　　20 世纪 90 年代,在西方,采购作为一种值得高层管理人员注意的新兴商业领域而出现。原材料及服务的外部采购通常占到一家企业的大部分成本,但令人吃惊的是,引起 CEO 对采购的关注竟然用了如此长的时间。毕竟,早在 1982 年,彼得·德鲁克就已指出了这一机遇:"商业中获益于独立性的最大的潜在机会,就存在于生产企业与其供应商之间。这是所剩的赢取竞争优势最大的未开发领域——没有什么领域像该领域一样如此被人忽视。"

　　直到 21 世纪的今天,采购在中国仍然被忽视。

　　从基因疗法分析采购管理,其最小基因就是采购员个人,而采购员的个人能力和意愿决定了采购管理成功比例的 50% 以上。按照组织发展五原则,采购管理体现出的最大的问题是:决策权下放不到位,激励不到位,信息反馈不完整,对外谈判时,不占有信息优势。

别让采购监控失效

采购监控失败的原因只有一个,即信息不对称。供应商知道的比采购员多,采购员知道的比经理多。采购管理的核心就在于此,好的采购管理虽然不能扭转这个局面,但可以通过技术方式获得优势信息地位,从而对被管理方形成信息威慑。现实情况是,企业管理者不明白采购管理失控的原因,只是一味地加强监控,结果信息不对称情况越来越严重,监控部门也成了寻租部门。

某企业为了监控采购部门,专门成立了管控部,直接向供应商压价,凡是能够压得比采购询价低的,都要对采购部操作人员进行罚款,搞得怨声载道。我去访谈期间,公司组织参观了张謇纪念堂。回来后,我便以张謇的例子说事。

张謇考了 23 年的状元,其科举之路荒诞古怪,既有为了获得学籍冒充别家子嗣报名而最终对簿公堂的尴尬,又有多次因考官误将别人的卷子认为是他的反而导致其落榜的惨剧,最后一次还是靠他的忘年交翁同龢硬生生地把他的卷子推荐给主考官,这才中了状元。

　　大家参观张謇纪念堂的时候，没有人对他中状元有异议，因为水平确实到了。但大家有没有想到"程序错了，一切都错"这个道理？包括后来张謇办了几十个实业，三百多所学校，大家看到的只是结果、成绩，但很少有人会提出这后面的官方背景起了多大的作用。为什么会这样呢？这就是中国"成王败寇"的思维在作怪。同样地，企业的文化就是社会的亚文化，当这种思维渗透到了企业中后，就变成了只重视结果，不重视过程。看起来合理，却忽视了任何结果中都有主观的因素存在。

　　当我对这家企业的采购监控经理进行访谈时，就发现该企业中已经有流程被某些人视而不见，并且已经出现了寻租的问题。做内控的往往专注于制造互相牵制的机制，却没有考虑到任何牵制的权力最后都有可能成为寻租的工具。牵制环节越多，寻租空间越大，运行效率越低。

　　当违反流程已经成为普遍现象，寻租就不再奇怪。厚厚的制度也就变成了低效率的温床。同时，针对结果的监控让企业内部丧失了信任的基础。在恐惧采购贪腐的文化中，信任已经瓦解了：信任采购是很难的，我们所需要的是保证没问题。

　　美国一位哲学家作了一次关于信任的演讲，对象是全美最大的公司之一的管理高层。在演讲中，他强调了信任员工的必要性。然而，演讲结束后，听众提出的第一个问题就是："但那样的话，我们怎么管理员工呢？"

　　问这个问题的管理者没有想到，作为管理者，最重要的工作就是控制过程，而不是结果，因为结果当中存在不可控的客观因素。当我们认为考核结果会带来问题的时候，关注过程就成为我们的必然选择。考核的设计过程必须树立这样一种理念，即好的过程必然会带来好的结果。同时，我们要了解到改变习惯的难度。缺乏阶段性的震撼性动作是很难改变习惯的。震撼本身就可以发生在过程管理当中，譬如当主观故意的错误行为一旦被发现，就立即停发其当月工资予以处罚。这种震撼式的管理手段，是变革管理者必须具备的能力之一。

当然，在这个过程中，一定要做好面临下级抵触的准备。对上级管理不抵触的采购很少，可以说几乎没有。如果这种管理来自外部，他们更是会百分之百抵触。抵触的办法不多，但都挺有效，也就是在前文中提到过的保密论和管理到位论。

采购部作为一个职能部门，出现问题爱踢皮球是正常现象。但采购部又是关系公司生存发展的关键部门。在今天，企业在生产上的潜力已经被挖掘得差不多了，而外部市场的竞争仍然越来越激烈。采购部几乎是企业唯一还未认真开发的蓝海。尤其是高成本、低毛利的行业，节省采购成本 1%，就可以提高公司业绩几十个百分点。采购部更应该站在全局的立场，勇于接受变革，为企业的发展尽到自己的职责。

一场内部审标会议正在进行，密封的标书被一个个打开，在来自工程部、采购部、财务部、总经办、纪委、外部专家组的与会人员手里传阅。貌似严谨的流程伴随着貌似严谨的争论，得出了貌似严谨的中标结果。这种场景在企业内很常见，但很少有人会提出疑问：评标者真的拥有足够的信息来作出判断吗？他们的动机都是一样的吗？如果不具备同等的信息，他们的讨论有效吗？

在"水门事件"中，令参议员贝克尔名闻天下的问题是："总统到底知道多少？他是什么时候知道的？"这类问题不仅在这次丑闻中是至关重要的，在每一场开标过程中对所有的参与者而言也是重要的：知道多少信息？是什么时候知道的？

首先，要了解需要知道什么，譬如公司资质、市场价格、原材料变更，等等，这些信息按照博弈论的时间线，首先是供应商自己知道，然后是采购员或直接询价的工程师，而企业内部其他人员往往得到的是二手信息。

在这种信息不对称的情况下，审标行为很难取得好的效果。何况参与者的动机也各有不同，有正面的动机，也不排除负面的动机。

一个博弈中必不可少的要素包括：参与人、行动、信息、策略、支付、结果和均衡。对一个博弈的描述至少必须包括参与人、策略和支付，而行动与信息则是建筑材料，参与人、行动和结果合起来称为博弈的规则。

几年前，我应一个客户的邀请，为他们的一个小股东做一次咨询，这个小股东代理了电梯和空调业务，销售对象主要是各类新建大楼的业主，有政府的项目，也有企业的项目。经过深入了解，我知道了他的公关模式。以电梯为例，公关首先从设计部门就开始了，搞定关键设计人员，电梯坑的深度就可以按照自己代理的品牌电梯为标准进行设计。其次，参与评审的专家组中也早已安插好了自己的人。再次，经过内线介绍了解到业主内部哪些人掌握商务标信息，哪些人主管技术标，再分别予以疏通。至于那些虽然处在高位，但不了解信息的人，就不在打点范围之内了。

知道了销售人员的狡猾之处，看看我们的采购管理，就会感到漏洞还是不少的。有的企业引进内控机制，讲究互相牵制。殊不知，这种牵制很有可能成为内部寻租的温床——批和不批之间，快批和慢批之间，闭眼和睁眼之间，我通融和你通融之间，都牵扯到复杂的利益关系。看看我们的政府就知道了，多一个审批部门就多一个寻租部门，效率就降低一些。这就是参与人的动机不同带来的问题。

时间线是一条表明事件发生顺序的线。作为一种有助于描述博弈的方法，它在近些年中已经日渐流行。时间线在描述下属集中博弈时格外有用——存在连续策略的博弈、存在信息的外生抵达的博弈以及多期博弈。谁先知道信息，谁后知道信息，给博弈带来的结果是截然不同的。

我做采购员的时候，有一个阶段由于原料短缺的原因，采购的片碱价格上涨至 6000 元/吨以上。而在我辞职离开公司之后,片碱价格在一两个月内很快回落至 2000 多元。可我一年后拜访原公司,发现采购的价格还是 6000 多元,采购员给领导的答复是:这是陈学南当年买的价格啊,他不是很能干吗?

由此看出,作为采购管理者,知道什么时候价格发生了变化是非常关键的。有的原材料价格变化十分频繁,甚至一天之内就发生几次变化,对价格的掌控如果不够及时,给企业带来的损失将是很明显的。

作为采购管理者,从博弈的角度出发,要注意以下几点:

1. 掌控优势信息。一是尽量掌握一手信息;二是在信息处于劣势时,要善于制造假信息进行威慑,以获得优势。

2. 注意获得信息的同时性。知道了博弈论中的时间线,就要关注信息获得的顺序带来的风险。幸运的是,现在的互联网工具已经能够解决信息获取的同时性问题。

3. 明辨参与人动机,及他们从动机出发一般会采取的策略。例如,财务人员的成本导向,生产人员的质量或服务导向,专家的技术导向,甚至供应商的浑水摸鱼导向,等等。

4. 在内控过程中,注意采购管控人员在和被监控者长期博弈之后,很有可能自动形成他们自己的帕累托最优,最终形成互利关系。在这种情况下,引进第三方监控是不错的选择。

采购组织为什么不能纵向分段?

经济学家杨小凯在《发展经济学:超边际与边际分析》一书中谈到:"在专业化经济和交易成本之间存在着两难冲突。如果交易效率高,则均衡是分工；否则，均衡就是自给自足。"

从 20 世纪 90 年代开始，越来越多上规模企业的采购部在组织架构上采取了所谓的战略采购模式，即将对外招标谈判签订合同与日常订单跟踪、内部沟通在组织上分开，形成战略采购组与操作采购组，其他的名称对应还有商务组和操作组。

我的一个客户向华为学习，也把采购部分为专家团与采购组两个部分，分别是专家团负责供应商选择、谈判，而采购组负责跟踪订单。战略采购组织模式得以流传的最主要媒介就是管理咨询公司，业内比较著名的有罗兰贝格给某公司做的 PPT 方案，其关于战略采购组织模式的部分内容如下：

罗兰贝格文案内容（一）

战略采购和操作采购在一起（传统的采购组织）的缺点：

1. 无法体现采购的 80/20 原则；

2. 缺乏良好的监督机制（组织上的保障）；

3. 管理资源得不到优化配置；

4. 生产与采购的协调难度较大，容易出现互相扯皮现象；

5. 分供方优化的工作无法系统地开展；

6. 容易陷入日常的业务；

7. 采购与技术开发的协调容易出现脱节。

罗兰贝格的理念是：战略采购和操作采购的分开可以更有效地配置管理资源，并使两项功能都能得到高效发挥。其核心想法一是专业人做专业事，让能谈判的人主管谈判，不再为跟单等琐碎事物耽误时间；二是从组织上监控操守问题，使得同一家供应商有不同的采购员在接触：负责谈价的和具体负责下订单的由不同的人负责,这样就可以互相监控。

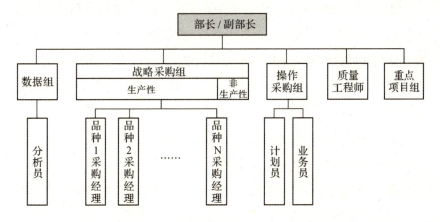

图 5-1　罗兰贝格对战略采购和操作采购分开的架构设计

罗兰贝格文案内容(二)

战略采购:

1.把主要的精力放在优化分供方的工作上:优选分供方(ABC 供应商),制定差异化的采购模式(根据不同的产品和供应商),降低分供方的数量,发展/整合供应商;

2.与技术开发更好地协调、合作;

3.采购策略/流程方案的优化和监督实施得到加强;

4.可以有更多的时间和精力对供应市场进行分析和研究,从而提高整体采购能力。

操作采购:

1.与生产部门更紧密地协作;

2.更有效地保证齐套;

3.可以把主要精力放在保证生产和提高物流效率上:对订货过程的控制,改善物流的计划。

看到这里，相信有很多人已经动心了。确实，合乎逻辑的理论加上赏心悦目的文案总是让人难以拒绝，然而使用以后的问题却难以让人忽视。这些实践中的问题往往操作过的人更加深有体会。本人作为战略采购管理实践者，在采购管理咨询中接触到的客户也有用战略采购组织架构的。在此，为避免以实践经验去否定理论的嫌疑，我还是用组织理论来分析一下战略采购组织存在的问题。

从组织机构的三个功能看，战略采购组织存在的问题是：

第一，专业化，即将组织机构的业务活动分为职能、职业和工作任务。战略采购似乎实现了这个专业化的功能，但由此带来的问题却完全掩盖了专业化的优点：操作组由于没有了议价权，在紧急采购等方面与供应商的沟通处于劣势，断货率上升。

第二，协调。协调是整合的同义词，首先，整合是解决冲突的办法。假设离散的组织要素和利益必然与稀缺的资源、目标、状态和类似的因素互相冲突。因此，必须存在一种整合的机制来确保工作努力的一致性。那些没有取得整合的地方，结果将会是浪费、冲突和较低的效率。将一个完整的采购流程分成两个不同的阶段并由不同的岗位操作，将必然导致沟通障碍与冲突。失去议价权的操作组抱怨及由其带来的与战略组的沟通障碍严重降低了采购部的工作效率。

第三，控制。一套控制系统需要两个基本要素：一是力量基础，二是控制机制。采购管理者没有因为战略采购组织的分开而获得更多力量，操守问题也没有因为战略采购组织上的分开而减少，因为虽然同一供应商由不同的采购员接触，但行贿的动机并没有改变，只是行贿比例略有变化。在实践中，采购过程分成两个部分带来的是对外谈判弱势和对内沟通障碍。此外，其监控功能也很值得怀疑。

采购架构成功与否取决于组织发展的五原则：决策权是否到拥有信息最多的采购员手里，采购员是否激励到位并能够产生正面行为，采购员能力水平如何，考核措施和组织目标是否相符，信息是否获得充分反馈。

曾经有一位汽车业的经理人 José Ignacio Lopez，他有异于常人的能力，知道怎样像榨汁机榨汁似的压供货商的价。在他离开通用加盟大众汽车后，以个人之力将大众扭亏为盈，从而引起激烈讨论，采购界以他的名字命名了所谓的"Lopez效应"。以本人当年在采购部的经验，一个好的采购员抵得上四个一般的采购员的工作量，而且效益更高。

所以，作为采购咨询，在给企业做流程时，需从以下三个方面着手：

1. 专业性。按能力匹配岗位是采购管理的核心，人的能力是不可能分解复制的，将能力最强的采购放在最难做的岗位（小宗物料）才是最有效的用人之道。

2. 操守问题只有通过激励到位以及信息对称来解决，而不能通过分解同一个岗位的工作来制造更多成本。信息对称在现实中很难达到，但让采购管理者掌握优势市场信息，从而解决操守问题，已经可以通过互联网技术得到解决，本节最后会介绍一个能够同时破除串标和控制质量的采购管理电子平台。

3. 最好的沟通是不需要沟通。采购员往往把一大半精力花在内部跨部门沟通上，有沟通就有成本，有障碍，有纠纷，有误解，最好的沟通就是不需要沟通。要做到不需要沟通就是信息共享，既要共享市场信息，如价格、供应商信息等，也要共享技术信息。

一般采购咨询会借鉴其他项目管理咨询的方法论，强调用科学还原法,把一件事情先进行分解,然后再整合。而采购作为复杂的商务活动,分解、还原带来的只能是更加混乱。战略采购组织模式就是在这种思路下诞生的漂亮怪胎。

采购组织是到了从所谓战略采购组织模式回归本原的时候了,即一要相信人的能力差异给采购效益带来的差异是巨大的,二要权力下放,提高反应速度,相信信任就是速度。最后通过最新技术让信息上传到采购管理者手里,让管理权与信息权相对应,这样采购管理者才能全面掌控局面,从而避免每天盲目签字的尴尬。

采购管理的核心是对一线信息的掌控

作为采购，最不可忍受的行为是什么？不是大家通常认为的受贿索贿，因为这些本来就是零容忍度，而是对供方市场信息的不了解。

《孙子》指出："……公家之奉，日费千金……不知敌之情，不仁之至也。"这段话说的是：公家的开支，每天要花费大量金钱，却不能掌握真实的战场情况，那就是不道德到了极点。

企业中也是如此，马马虎虎、没有掌握市场信息就匆忙地进行采购，对于企业来说是最不道德的事情，会直接导致采购中对价格和质量的失控。"故明君贤将，所以动而胜人，成功出于众者，先知也。"优秀的将领之所以一出兵就能战胜敌人，是因为事前掌握了敌情。这些信息不是来自鬼神或百度之类的搜索引擎，它必然来自于人。百度的人机对话，无关信息将把你淹没，尤其是搞了竞价排名以后，相关性更是差。真正有价值的情报必然来自对方阵营的人。在这方面，《孙子兵法》中指出，用间谍应该是不惜血本的。而我们现在的采购管理连和供应商吃饭都不允许，何来的信息，又怎么可能掌握先机？

本人曾见过有的采购管理者为了保证部门的道德水平，规定不准采购员在办公室接待供应商，供应商如来办事，有专门的等待区。曾有一供应商看这位采购管理者新上任，就来拜访他。他直接对供应商说：以后你不要再来了，我也不会去你那里。如此下来，采购部是否就没问题了？做过采购的朋友都不会这么认为，回扣可以晚上给、卡上给，但反作用是让整个采购部离市场更远。这也就是说，他在做最不道德的事，却自以为很道德。

采购管理者为什么会犯如此低级的错误呢？原因是他们对错综复杂的供应市场的恐惧，因为几乎所有的人，包括供应商、采购员都知道的比他多。在这种状况下，采购管理者就会犯"管理多动症"，过度的管理让公司采购陷入万劫不复的境地。

正如《孙子兵法》中所说的："故三军之事，莫亲于间，赏莫厚于间，事莫密于间，非圣智不能用间，非仁义不能使间，非微妙不能得间之实。微哉！微哉！无所不用其间也。"这段话用现代的话来说就是：因而在三军中，没有比间谍更亲信的了，没有比给间谍奖赏更优厚的了，没有比间谍的事更秘密的了，不是才智超群的人不能使用间谍，不是深仁厚义的人不能使用间谍，不是谋虑精细的人不能得到间谍的真实情报。微妙啊微妙！简直是没有什么地方不可以使用间谍的了。

作为采购，最道德的事就是采购管理者知道更多的供应市场信息，而这些信息如上所述只能来自于"人"，这些人只能来自供应商群体。让供应商成为采购方的"间谍"是采购工作最重要的事情。那么如何让供应商成为自己的间谍呢？互联网技术的发展给我们提供了更多的机会。

采购组织发展工具：第三代电子采购管理平台

　　在宏观经济上，价格不是按投入产出算出来的，也不是谈判谈出来的，而是市场竞争自然得出来的。但在微观经济层面，具体到一家企业，其采购原料的价格却主要依赖采购员与供应商谈判得来。原因就是企业本身的规模不足以引入整个原料市场的供应商进行竞争。然而这种状况随着互联网的发展，市场信息有机会在一个开放的平台上得以共享，使宏观和微观之间的信息不对称鸿沟得以弥补，从而出现了一种可能，即运用宏观经济的方法解决微观经济问题，用市场竞价代替谈判价格，甚至质量和服务也可通过竞争来解决。

　　互联网平台首先向所有合适的供应商敞开，供应商可以参与采购方的评估，而评估结果直达采购管理者，从而明了成本指标。因为供应商比采购方更懂原料成本，在供应商互相竞争中明白产品的真正价值。其次，通过无边界竞价，在供方和采购操作者不知道采购管理者知道多少的情况下，使采购管理者拥有优势市场信息。

　　其效果在于破除了围标，这是由于价格、供应商评价等信息可直达采购监督者信箱，而对其他供应商及采购操作机关保密。而且基于互联网平台，报价来自开放市场，供应商不可能探听到所有人的报价以及别的供应商对自己产品的评价。造成供方及采购操作者不知道采购管理者知道多少，从而形成强大的威慑力，使得供应方不敢围标，采购操作者也不能够有所隐藏，最终让一向隐蔽的成本指标摊在阳光下。由于供应商比我们更懂原料成本，为在供应商的互相竞争中明白产品的真正价值，开标前应该公开供应商产品性能（价格及公司名保密），由供应商互相评点，将评点结果直达采购监督者，从而明了成本指标。供应商互相评点将比专家评点在成本要素上更一针见血。

在这种互联网采购管理平台的帮助下，市场有助于采购方发现价格，供应商则有助于把好质量关。采购管理需要的不再是谈判专家，而是引入相互竞争的专家。如何在更广的范围引入竞争才是采购管理的关键。在这种情形下，采购管理者获得与其管理权对应的信息权，掌握优势市场信息。企业采购将节省大量的谈判时间，且无须高薪雇佣谈判专家。

电子采购平台让供应商成为自己的间谍

在我结束采购生涯离开公司两年后，才知道自己在做采购时，进的每10吨片碱中有十几包是假冒天津片碱，这是我从来没有想到过的。事情是在我与化工行业的一些经销商聊天时了解到的。有经销商说，哦，你是某某公司出来的，以前某某给你供片碱时，中间掺了十几包假冒产品，25公斤一包。

从当时的情况来看，我不可能爬到10吨的货车上去看，品控部也不太可能抽查到假冒片碱（放得肯定比较隐蔽）。这件事给了我一个提示：同行无秘密，其实供应商有时比品控部更能帮助我们控制质量，只是如果我在岗时他们这么做就好了。

在中国,同行之间情报的收集远比对客户情报收集来的到位。有一次,我在做缝纫设备厂家的营销咨询时,在武汉市场发现一条有趣的规律:只要某一家服装厂需要一种市场上没有的特种机,不出一个月,很多服装厂都要进这种机型。大家知道服装厂还不像上例的化工经销商那么集中,但消息仍然传播得飞快,原因是他们中间各自有对方的奸细。

供应商直接互通信息快速结盟的能力让许多招标方十分困惑:以前他们是互相不知道彼此的,可是发出招标书的同时,他们就知道彼此了。因为招标方不是铁板一块,总有关节给他们通消息。甚至在开标前,他们就知道所有的报价,并已商量好围标方案,而开标则成了他们演示表演能力的舞台。我曾给政府招投标公司做过咨询,其明确要求业务员在开标前一定要拿到对手的价格。如果拿不到,一般就是和招标方的关系不到位。事实上,开标十有八九就是去陪标的。供应商快速结盟的能力让招标方头痛不已。

既然供应商可通过招标方奸细得到信息,并通过结盟来围标,那么招标方也可以用反间计破除围标。做采购员时,借供应商帮我收集他们同行的信息是我的拿手好戏。即使有供应商不愿意提供,也就等于告诉我他的实力不够。做采购管理,我更是将供应商利益冲突而告诉我的一些秘密当作管理的重要信息。模糊运用使得手下不知道我了解多少东西,偶尔露一角威慑一下,其实也可能我就只知道那一角而已。这些都是基于个人沟通能力的东西,可管理就是要有标准化的东西,采购管理的电子平台则为此提供了范例。正是由于质量好的供应商不愿意和质量差的供应商在同一平台竞标,其才有动力成为买方"间谍",并向买方经理层告密:应该把重要的质量参数加入新招标文件。

运用电子平台解决多级原料采购带来的信息不对称

在 2008 年的毒奶粉事件中，有多达一万余名儿童住院，三聚氰胺之名轰动一时。在此之前，还有奶粉类的大头婴儿事件，玩具类的含铅涂料事件，以及中国汽车由于配件质量问题频发而遭到品牌伤害。

事实上，这些问题的发生看起来都不是成品厂家的问题，而是上游供应商的问题。可上游造假，难道厂家就无辜吗？蒙牛董事长牛根生就说出了"无知就是犯罪"这样的"狠话"。

牛根生同时说："在责任面前，我们唯一的选择就是负起完全的责任！"他说出对消费者负责的办法无非是收回有毒奶粉，付医疗费及加强检测。可问题是：检测能保障没有漏网之鱼吗？能发现除了三聚氰胺还有其他的有毒添加剂吗？如果没有这方面的保障，企业又凭什么对消费者负责？难道要等到再发生其他问题，再出来"负责"吗？同理，玩具厂商难道就能保证以后除了含铅涂料，不会发生其他涂料有毒问题吗？难道非要和上次一样在市场上出现了严重问题后，才回头去找原料供应商吗？

如何控制上游原料的质量已成了一个不得不进行深刻讨论的问题，尤其是那些有着多级上游原料供应商的原料质量问题该如何得到控制。

牛奶公司向奶站采购，奶站向奶农采购；玩具厂采购涂料，涂料厂采购化工原料；整车厂采购车锁，车锁厂采购锁配件，锁配件厂采购特种钢。至于跨国公司在中国定点生产（OEM），更是涉及多级原料供应的问题。在这里，最终产品的生产商对多级上游原料的供应基本处于失控状态。究其原因，是由于从初级原料到成品完工有多个生产环节，由此造成监督的困难。而在产品生产原材料信息方面的不对称将导致某些供应商的偷工减料行为不断发生。当原料质量问题在最终产品使用过程中被发现时,产品的质量已经被伤害,企业品牌也同时被损害,正如毒奶粉事件所损害的是整个乳业的品牌,甚至是中国制造在世界的品牌。

以上情况说明,仅仅通过成品工厂检验来控制产品质量已经难以完全规避产品质量问题的风险,或者这种控制至少是滞后了的。如何在产品的源头和多级采购环节中防止供应商出错,已然是生产厂家耗费了大量监督成本却难以解决的问题。毒奶粉事件发生后,政府就向奶厂派出了5000多名监督员,这里还不包括蒙牛等公司自己派出的监督员,规模之庞大可谓世所罕见。

同时,这也说明仅仅靠生产厂家的到厂检验是远远不够的,更不要说在市场上抽查的效果了。另一方面,现场监督员是否一定能够监督到位呢?我们都知道人不是机器,老虎也有打盹的时候。在监督员看不见的时候,加两瓢水、添一小袋三聚氰胺完全没有什么难度。

有人会认为这个现象太丑陋,太极端。是的,中国人一向喜欢从好的方面来看问题,我们应该"五讲四美",我们应该讲"八荣八耻"。可丑陋的事情在中国一再发生,谁去为那一万多个奶粉事件婴儿负责?现在,我们已经到了信用危机的时刻,这使得我们的管理制度设计不能再从人性善的方面出发。既然要管理,就要先从"人性本恶"的角度出发。

事实上,利用互联网技术就存在着从性本恶的角度来监督多级原料采购质量的办法:第一"恶",引入供应商互相不知名的暗标竞争;第二"恶",利用如何令一个质量好的供应商不愿意与质量搞鬼的供应商竞价的原理,鼓励供应商举报;第三"恶",不论供应商还是买方都不知道采购监督者知道些什么:不知道谁在举报及举报内容,不知道竞价者是谁及价格多少,以致想"恶"却不敢恶。

手段上,从采购信息开源入手,引入系统外供应商参与,将多个环节的采购供应内容全部在网上公开，供应商互相猜疑，这样就有动机互相了解是否有投机取巧行为，就会产生让老千来抓老千的效果。同时，让厂商监督者第一时间监督所有原料采购环节的暗标报价及质量问题举报，从而保证产品生产原料质量。最终产品厂商及所有上游厂商第一时间直接看到上游所有层次相关原料的采购价格及质量举报内容。所有层级的供应商可以直接向多级下游厂商举报上游采购过程中的欺诈行为。这样就可以将质量欺诈风险控制在采购之前，帮助各环节采购商节省采购成本，包括查询成本、调查成本及谈判成本，等等。

这样的互联网采购管理平台可以为厂商防范上游采购环节中的欺诈提供监督工具，其不仅可以用在生产厂商上，更可以用在项目采购和跨国采购的多级采购监督上，从而真正从根本上解决原料采购质量欺诈问题，因为它能让罪恶的行为无处容身。

采购"基因疗法"基因单元需具备的战略能力

企业战略采购观念的兴起赋予采购这样一个职能部门更多的责任，即必须有战略目标及实现这个目标的路径。我们也看到了许多企业跃跃欲试地搞战略联盟、双赢采购、供应商参与研发等战略采购行为。但是，在实现战略目标的道路上，采购部门如果不具备战略采购需要的各种战略能力，是很难获得战略采购的成功实施的。

第一，组织能力。

一个好的采购战略可以反映出对产业经济和动态变化的深刻理解，并通过潜在收益的定量分析，提出采购的必要理由。但这必须广泛利用专业人员，以获取最好的建议。

实现战略采购的组织能力包括从战略制定到实施的能力。从组织架构即决策流程上必须有相应的责任人负责实施。现实情况是,战略采购的行动从采购部发起,但由于缺乏足够的权威,在内部跨部门合作及外部供应商整合方面会遇到阻力。即使有外部顾问参与,在顾问离开后,很多变革又重新回到了原点。采购部的直接上级一般级别都比较高,但由于大多数情况下并非专管采购部,在精力上难以协调,从而造成战略采购实施的失败。

分析成功的案例可以发现,如惠而浦等公司就是运用多功能的商品业务团队,来准备商品业务计划的。这些计划遵循一个标准的大纲,其中包括内部行政成本,以及外部供应基础概述:全球需求和市场份额的检测以及对竞争对手及其采购模式的评估等。

由于战略采购的组织能力涉及跨部门、多功能,其组织者必须具有相应的组织地位和组织能力才能实现战略目标。

第二,总成本建模能力。

持有总成本是衡量战略采购管理的重要基准,同时,也是供应商管理及内部价值链管理的考核标准。它也给出了跨部门及供应商合作努力的重点。

例如,麦当劳公司多年来和供应商一起合作,开发出了一种优化厨房成本的复杂模型。该模型基于鸡的预期死亡率和体重增加期,来决定在湿度和空间分配等各种条件下的最佳饲料配制。而且,通过建模模拟饲料配制如何影响体重增加和死亡率,然后供应商针对饲料价格的波动调整饲养方案,以优化小鸡的体重增加量。

那么,如何去获得总成本建模能力呢?

首先,要开发出总成本建模所需的知识。以美国的本田公司为例,当本田公司在俄亥俄州的马瑞斯维尔投资于制造和工程领域技能时,通过创立一个称为成本研究的中心小组,采购职能系统地建立了起成本建模能力。几年来,采购员已经轮流进入这一部门,然后再回到直接采购的位置上。用这样的方式,成本研究职能吸收了采购人员特定的商品知识,反过来又将本田的成本列表法传授给他们。现在,最初雇用了 20~30 名员工的部门削减了一半的人数。而且,本田的采购人员还轮流进出企业的其他部门,在组织中广泛传播他们关于成本驱动因素的知识。

从上例可以看出,总成本建模能力还需要其他部门的配合及认同。其中,不论是通过流程设计,还是通过文化引导,都是企业管理能力的一种体现。

第三,整合供应商的能力。

我们都知道,对供应商的管理涉及选择、评估和剔除三个方面,而供应商管理又是采购管理的基础。其中供应商整合是改善供应状况以实现战略采购的关键。应减少供应商数目,同时对供应商的服务提出更高的要求。尽管说起来容易,但做起来难度却不小,其中难度最大的就是数据收集工作。如果供应市场数据收集能力强,那么供应商整合就成功了一大半。

市场分析的最根本工作就是资料分析及收集,唯有透过追根究底地收集相关信息,才是整合成功的制胜关键。

但市场真实数据获取难度之大超出了战略采购设计者的想象。这其中涉及数据获得的难度,及辨别获得数据真假的难度。如果数据基础存在问题,方案的设计就犹如在沙漠上盖大厦。即使一些著名的咨询公司,其在数据方面也难以得到确切保证,往往处于看了客户的手表再告诉客户时间的模式。企业提高这方面的能力的途径是利用任何可以取得的公开和非公开资料,建立互相印证的体系,从而提高数据的量和质。这方面能力的建立将极大地支持供应商的整合工作。因为整合是需要实力的,而在体现实力的谈判三要素中,只有信息是可以通过主观努力来改变的。

采购"基因"业务特性之一:"物料属性"与岗位设置

采购管理就是在价格、质量、时间、服务几个要素间寻求最佳组合。不同物料由于其使用属性的不同,采购对以上四要素的侧重点必然不同。同时,由于采购难度不同,就有因岗设人的必要。

以我曾经服务过的啤酒厂为例,麦芽、大米之类的原材料采购,不要说价格差一点点就对成本影响巨大,就是运输方式不同,也会造成几百万元的运输费用差别。同时,麦芽、大米的新鲜度也会对啤酒的质量产生影响。客观上要求尽量低价、低库存、订货周期(lead time)准确。我曾经看到某著名管理咨询公司给某企业做采购咨询,重要成果是缩短了采购周期。但事实上,除非是非常规采购,否则缩短采购周期并没有太大意义。反而是从下单到到货时间的订货周期的准确度更为重要,因为只要到货时间准确,就可以保持较低库存,甚至零库存,从而降低成本。

对于生产辅料、试剂、备件等采购,质量和最短的时间到货往往成为重要因素,价格则成为次要因素。譬如,我曾经就职的企业在一次连续暴雨中,眼看厂里货物就要被淹水了,生产部门便要求我们采购部紧急采购潜水泵,还要求当天到货。而我们以前没有买过潜水泵,于是通知了一个阀门代理商。代理商很敬业,自己没有货,就到处去找,找到后派车送,但不幸车也泡水熄火了。于是又派人扛出来,另外找车送过来。我的上司事后又去询价,感到对方的价格超过了30%(总价只有两三百元),于是把对方老板叫来兴师问罪。我感到非常不解,于是就在旁边打圆场。在这个案例中,采购的重点要素就是服务,价格是其次的。因为如果货没有及时送到，厂里货物淹水了，造成的损失就不是百八十元的问题。在这里，让供应商保持优质服务的热情尤为重要。

在实际采购过程中，有的采购员既负责成本导向的采购，也负责质量导向或服务导向的采购。一旦他的管理者分不清楚物料属性对采购侧重点的影响，在对采购员的考核中一把抓，就很有可能造成以下问题：该成本导向的，价格没有下来；该质量导向的，买到次品；该服务导向的，压低价，最终导致客户丧失提供优质服务的动力。其结果，就是给企业带来总体价值上不应出现的损失。其实，考核标准就一个，那就是使成本最低。

在通常情况下，大宗类物料采购由采购部主管负责，零散的辅料、配件由一般采购员负责。但这种安排是错误的。因为大宗类物料在一次谈判后，整个年度，至少是季度不会有价格的再谈判，大多数情况下只需要跟单就行。而辅料、配件由于缺乏计划性，甚至紧急采购比较多，同时，其在供应商那里由于采购量有限，处于弱势谈判地位，恰恰需要采购高手在平时去解决这些问题。采购组织最小基因岗位的设置必须按照物料属性的特点进行合理安排，以保证人尽其才，专业人做专业事。

采购"基因"业务特性之二：忘掉谈判，掌控优势信息

在目前的企业采购过程中，价格、质量、服务无一不需要谈判来解决。

谈判真的在采购中这么重要吗？现在，我们以价格为例来看看谈判对价格的影响到底在什么地方。

如今的市场早已是买方市场，卖方定价的方式已经很少发生，或者

只充当谈价过程中的工具而已。谈判价在目前的采购过程中占主流。既然是谈判,不可避免地要涉及对谈判结果进行评判。评判谈判的结果是双赢还是单赢,评判的标准是关键,而评判是否准确又来自于评判方所得到的信息是否完整。

那么,谈判双方如何通过所谓的谈判技巧为自己争取利益呢?

构成谈判核心的三大关键要素是:时间、信息和权利。其中,时间和权利因素相对客观刚性,不太会由于某一方的努力而发生改变。当谈判双方都清楚基本的谈判技巧,如以上的谈判三要素时,在这里起关键作用且可以通过主观努力发生变化的就是信息,它是关键中的关键。譬如,当买方或卖方知道了对方的底价,并知道了关键决策人时,一切就都在掌控之中了。

谈判给人带来的是专业和神秘。水平高的谈判专家具有娴熟的谈判技巧和超人的洞察力与表演能力。可大多数采购员并不是这方面专家,虽然做得时间久了,有些人也会摆出采购谈判专家的样子。这种虚张声势会误导采购管理者对手下的认识。其实,采购员无非是比采购管理者掌握更多的市场信息而已。

在大型企业采购中,存在这样的问题:采购管理者,如采购经理对一线市场信息的掌握处于失控状态。采购操作者所了解的市场信息往往比采购管理者更多。采购管理权与信息权不对称,使得管理行为难以到位。

另一方面,含铅涂料、易燃的睡衣、劣质的鞋子,当这些丑闻频频发生,在国际上给中国造成巨大负面影响的时候,我们却难以拿出可行的监督办法。问题的核心在哪里?这些问题的根源其实就是由对产品原材料了解上的信息不对称造成的:制造商往往比采购商更了解原料及相应的成本指标。

目前的电子招标试图通过开放系统实现信息对称,但由于采购方难以明了涉及产品原材料方面的成本指标(招标时无法标明),供应商对成本指标更了解,便形成了信息的不对称。这导致要么最低价中标的是劣质产品(逆向选择),要么非最低价中标又有可能存在猫腻(道德问题)。逆向选择和道德问题是信息不对称情况下导致的必然结果。

至此,如何让不参与具体商业活动的采购管理者掌握优势的市场信息,并解决产品成本指标信息不对称的问题,就是采购管理的核心问题。

采购组织发展阶段的特点

采购发展的不同阶段早有论述,但大多是从宏观的角度,即历史发展纵向的角度来论述。譬如某跨国公司内部培训用的"采购职能在企业内的发展阶段"描述如图 5-2 所示。

为工厂服务——(基本) ⟹ 降低单位成本——(责任增大) ⟹

内部的统一/协调——(战略开始) ⟹ 内部和外部的统一/协调——(世界级)

图 5-2 某跨国公司对采购职能在企业内发展阶段的描述

但事实上,类似以上这种描述对采购管理的启示并不大,原因是大多数采购管理者只可能经历企业发展的某个阶段,不可能仅仅靠采购管理者一己之力将其拔高到世界级水平。

那么,处于某一企业发展阶段的采购管理者水平到底如何体现?其发展方向在哪里?这么重要的议题笔者还没有在任何权威的采购教材上看到。在此,抛砖引玉提出我对采购管理发展的看法,至少这个看法并不局限于企业发展的任何阶段,也就是说对任何企业采购管理者可能都有一点意义。

采购管理的初级阶段：制定游戏规则。

初级阶段是知道要定规矩了，包括制定采购政策、制度、操作流程及相应表单。也有的采购管理者比较简单，延续以往的流程制度不变。当然也有原始阶段的采购经理还在被使用部门牵着鼻子转，忽而亲自制订采购计划，忽而参与谈判，或者在忙于处理各种纠纷。制定的规则也仅限于分配一下工作。

无论怎样，基本的流程制度还是必要的。从规范上讲，比较全面的是制定《采购手册》，其内容包括政策、制度加流程。多数企业只是在流程上有简单的规定。

采购管理的中级阶段：堵政策漏洞，让供应商按博弈规则办事。

有规则就有人破坏规则，从供应商角度看，破坏公平的竞争规则往往是成本最低的。销售工作的重点也就放在了套取不该得到的商业秘密，收买买方掌控商务标和技术标话语权的人员，直至收买专家组成员。同时，供应商联盟工作也往往以极低的成本在进行：串标、围标商讨不亦乐乎。从不良采购操作者的角度出发，应考虑的是如何规避规则与自己偏好的供应商合作的亲密无间，捞取不正当利益，以及如何设立各种壁垒将那些"不识相"的供应商踢开。

2007 年 8 月 26 日，家乐福方面宣布开除 8 名被拘留的经理级员工。此前两个月，包括北京 7 家家乐福门店肉课课长和一名 CCU（城市采购中心）生鲜采购人员（课长级别）在内的 8 人被北京警方拘留。被拘是因为他们收受供货商贿赂。

连家乐福这样规则完善的跨国公司都存在严重违背采购管理规则的问题，何况其他企业。

通常企业会采取两种解决办法：一种是加强审核，设置不同的管理层次逐级复核,这种办法的难点在于管理层次的设置,如果复核和审定权设置在采购环节内部(比如部门经理),则不能起到防腐败作用,仅仅是把腐败的层次提高了而已;如果设置在采购环节外部(比如采购部门的平级部门或副总一级分管领导),则又变成了外行管理内行,效率低下而且没有实际效果,采购人员也没有紧跟市场变化把握降价时机的积极性。

采购管理的高级阶段:掌控优势信息权,为企业争取最大利益。

任何规则都是有成本的,这里面有制度与效率的冲突,控制与抵触的冲突。规则是行为控制过程中无奈的选择。正如老子所说:"故失道而后德,失德而后仁,失仁而后义,失义而后礼。夫礼者,忠信之薄,而乱之首。""礼"作为人的行为规则是无可奈何的选择。那么采购管理的"道"在哪里?是否得了"道"就可以实行"德政"?答案是肯定的,采购管理的"道"就是掌控优势信息权。只有采购管理者掌握了优势信息,审批管理权才有可能下放,采购操作者才能灵活应对供应市场的变化。只有采购管理者掌握了优势信息,才能实现"德政",从正面激励采购操作者的工作业绩,而不是只罚不奖。信息权上移、管理权下移的结果就是管理者保留了足够的威慑力,不再靠具体的依规则进行的"行为"进行管理,而是真正靠信息威慑力的无为而治。

但一想到掌握优势信息,很多采购管理者就会发怵:采购管理者本来就有许多事务性工作要做,哪有那么多时间去了解市场信息?何况这是一个信息爆炸的年代,其间虚假信息比比皆是。供应商是"你有政策、我有对策",连阿里巴巴的诚信通都会出现问题:炒信公司狂刷虚假交易,提高虚假诚信度。常规思路已经难以解决采购信息不对称的死结。而采购信息搜集又有别于一般信息搜索,具有其特殊性。

采购管理者需要的信息特点是:一要相关性强,地域特点和企业规模决定了有效供应信息的范围;二要相对供应商具有优势,即即使我知道的比你少,但你不知道我知道什么。要掌控优势信息,一般的情况是采购管理者本身从采购员做起,对供应市场非常熟悉,供应商关系也处理得很到位,供应市场上有自己独有的信息渠道。

当然,现在的事实依然是,采购部的新领导特别多,从非采购部门调过来的也特别多。

采购管理咨询面面观

不论是数百万美元的 IT 供应链咨询还是几十万元的采购管理咨询,都难以解决采购具体操作问题:谁保证输入的数据是真实的?谁能整合供应商利益?谁能平衡跨部门沟通的矛盾?这里的"谁"只能来自客户,而不是顾问,否则咨询项目结束后怎么办?这些显然不是流程架构,甚至 IT 硬件能够解决的问题,而这些问题不解决又会导致架构流程成为一种形式,咨询效果也就成了一句空话。

而埋头帮助客户寻找供应链,招标谈判等服务类型的采购咨询又难以对企业的长期绩效产生效果。企业采购到底需要什么样的咨询才能保证既有看得到的效果,又对长期绩效产生有利的结果呢?

不妨先想一想采购咨询为什么难以产生效果。

采购咨询可分为三类:第一类是大型综合类管理咨询公司中的采购咨询中心或者供应链咨询中心,第二类是专注于采购咨询的小型管理咨询公司,第三类是既为客户设计架构流程,也帮助客户直接降低成本的咨询公司。

第一类公司包括：IBM、埃森哲、罗兰贝格以及国内的政略钧策等咨询公司。其咨询方法有很强的从一般管理咨询套用到采购的痕迹，看看专有名词就知道：战略采购、采购战略、采购组织架构及流程。即使比较特有的供应商管理，物料分类管理里面也是充满了流程、战略、瓶颈等一般管理咨询词汇，最具体的也不超过供应商评估标准之类的制度性文档。

为什么这些咨询难以产生效果呢？据统计，采购管理成功因素中接近50%是个人的能力及意愿，这是由采购过程中商务活动中个人的重要性决定的。传统管理咨询由于不涉及操作，可以避开信息残缺带来的麻烦，很潇洒地强调系统性和逻辑性，而系统性和逻辑性唯一存在的可能是信息对称。

2001年经济学诺贝尔奖获得者的研究理论早就指出了经典经济学中信息对称的假设在现实中是不存在的。尤其是在采购和供应之间更是存在巨大的信息不对称，而且几乎无解。

我曾了解到一个800万美元的IT供应链咨询项目，驻点顾问就有上百人。另一方面，常见的现象是，作为一个个体人，在系统性和逻辑性方面很强的优等生往往在商务场合却很弱智。因为那里处于不对称的信息情况下，只有突破规矩的另类思维才能给公司带来更多利益。

当咨询公司项目胜利结束离开客户以后，客户面对的是如山的文案和昂贵的IT硬件，流程做到了四级，员工还是那些员工，供应商还是那些供应商。以前信息不对称，现在还是信息不对称，如果以前经理们得到的是垃圾信息，现在电脑里储存的也是垃圾信息。垃圾输入只能导致垃圾输出，只是速度比以前快很多罢了。四级流程和IT并不能改变信息不对称，供应商仍然掌握着比采购管理者更多的信息。员工的个人能力和意愿也不会因流程而变。这就是这种咨询难以产生效果的原因。

第二类专注采购咨询的小型管理咨询公司则走向了另一个极端,其中包括国外很多类似的采购咨询公司。他们赤膊上阵,亲自帮助客户寻找供应商、谈判、招标,承诺为客户降低成本。最近几年电子招标类公司越来越多,包括电子反向拍卖,如 Ariba、Emtoris 等。这些公司与其说是在做咨询项目,不如说是在做服务工作。

一方面,我们必须对它们表示尊敬,在管理咨询走向模板化的今天,它们勇敢地面对困难重重的操作,并承诺带来有形的效果,这是很难得的。但是,另一方面,它们又架空了客户现有的采购团队,甚至咨询顾问操作的成绩越好,越是证明客户现有员工的工作没有做到位。而咨询项目结束后,业绩反弹的可能性非常大,因为:首先,在信息不对称的情况下,供应商有太多的理由让价格重新涨上来。电子反向拍卖并不能针对大多数的原料采购,而只能对那些参数非常简单透明的才能使用;其次,使用过程中与供应商争利的冲突,从根本上破坏了与供应商的合作关系。

第三类公司同时包含了以上两类公司的大部分内容,既做传统咨询的战略采购组织架构流程,也协助降低成本,如科尔尼、拜恩咨询。它们在整合了前两类咨询公司的内容之后缺点依旧,即咨询结果并没有改变供应商掌握优势信息的状态,同时对咨询的后续效果很难提供有效帮助。

那么,采购到底需要什么样的咨询呢?

采购咨询需求从形式上分为两类:一类是降成本导向型,另一类是解决问题导向型。同时,采购咨询的过程又可以分为两类:一类是咨询顾问为专家型,另一类是咨询顾问为助手型。不论哪种类型或角色,客户总希望效果是明显的,冲突是最小的,绩效是长久的。

首先是明显的效果。组织调整上,要求顾问对人有非凡的洞察力,因人设岗将不再成为贬义词，而是一种必备的技能。如何把最能干的人放在最需要的岗位上，成了一门管理艺术。

这门艺术取决于是否有一种工具，能让一般的人做出不一般的事，能够将优势信息权从供应商或采购员那里转移到采购管理者手中。有些专业网络在这方面已经做了一些创新，以便让采购决策权下放成为可能，传统咨询公司设计的决策流程将成为废纸。决策权下放更有利于提升效率，而采购决策的效率就等同于效益。

其次是最小的冲突。采购部是公司里最敏感的部门，其在供应链中的重要性也不言而喻。这就要求顾问有着老练的变革管理艺术。助手型顾问是减小冲突的方法之一，当咨询公司把所有成就都归功于采购人员的时候，冲突将大为减少。

最后是长久的绩效。助手型顾问是实现长久绩效的途径，一是可以将有效的信息权转移工具教授给客户员工，二是可以将采购某个环节外包出去，如协助客户利用有效的工具进行价格及质量稽核，但最终决定权在客户那里，即所有的成效都离不开客户自身的努力。长期外包采购管理稽核将成为采购咨询之外的一项重要服务内容，即长久绩效离不开咨询公司的"咨询＋服务"这种形式。

采购基因疗法的咨询步骤如图 5-3 所示。

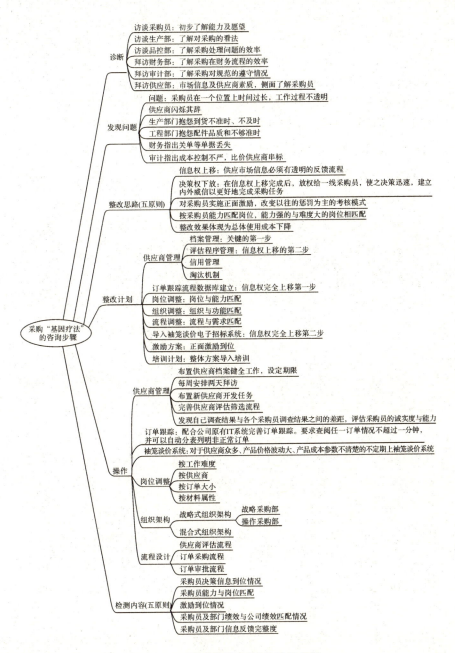

图 5-3　采购"基因疗法"的咨询步骤

【操作手记】
最小基因单元——采购员的自我提升

说到采购,很多人就会马上联想到"回扣","灰色收入比工资还高","就是买买东西嘛,给我钱我也能买"。采购人员如果不被认可,在内部办事的效率就会降低,表现在订单审批缓慢、财务付款拖沓、工程师和品控部对质量认可百般挑剔。

内部搞不定,会直接影响到外部,供应商会认为你没能力独自搞定。所以,在一些超出正常需要的紧急供货方面就不愿意给予支持,付款条件也比较苛刻,最终导致内部矛盾的进一步加大。如何提高采购部和采购人员在企业内部的地位,直接关系到采购员的工作效果。一般情况下,采购员要拿出三分之二的精力处理公司内部问题,还不一定能搞得定。

采购人员怎样才能被老总和同事认可呢? 本人的一些经历或许可以提供一些参考。1994 年,我在可口可乐做采购员的时候,付款时间最快一天,一般在一周之内可以出款。可我的经理只能做到一般是一个月。他百思不得其解,在我离开公司时再次请教。当时,我感觉无从说起,而经历过将近 20 年的辗转,现在想通了一点点,供大家参考:

刚做采购员的时候,我也被品控部"刁难"过,因为我把他们介绍的客户踢了出去。原因是这个客户在价格上欺骗了我,我的做人原则是不容忍任何欺诈。不久后,我有一批货到厂内,被品控部退货,说化验指标比要求的低了 0.5%。嘴仗打到可乐总部派来的品控专家那里,专家说了一句:"你们是怎么测出这 0.5% 的? 我测不出。我只关注杂质中是否有有害物质。"虽然品控部在专家这碰了一鼻子灰,但我也事先被他们

采购员时常受到技术上的拷问

有润滑空气的润滑油吗?

采购部

在老总那里告了一状，这事算是打成了平手。

又有一次，买进口硅藻土，品控部投诉说型号 hyflo 11 的好用，hyflo 12 的不好用，其潜台词是我收了回扣，买回了次品。这次我学乖了，先没吭声，直到他们闹到工程部经理那里。于是，包括经理在内的一大群人一起到了品控部，当场拿出那不同型号的两袋硅藻土。我指着 12 前面的英文字 hyflo 说，这是批号的意思。于是全场默然。反击，就要当众反击，让领导知道有人故意在刁难。

通过这个案例，我想告诉大家的是，作为采购，在面对刁难时要有从专业上进行反击的办法，专业要好得让他们佩服。

一次，香港来的博士到品控部指导工作，需要急购一批"含六水三氯化铁"。我购回后，没一会儿，品控部经理就慌慌张张地跑上来说我买错了。于是，我跟经理来到品控部。博士说："三氯化铁应该是黑色的，你买的是黄色的。"我说，没错，三氯化铁确实是黑色的，而且含量越高，颜色越深，但这是"含六水"三氯化铁，就是黄色的。博士还要说什么，我就转身回到办公室，拿出我的三大册化工手册，翻到含六水三氯化铁那一页，送到品控部。品控部经理反应很快，客气地说，你把书借我们看一下，一会儿还你。事后，品控部经理跟人说陈学南真贼，不争不吵，回去就拿本书过来。

我除了从书本上学习产品知识，更关键地是从供应商那里学习。出差去供应商那里拜访，对方出于招待客户的想法，一到办公室就问怎么吃，怎么玩。我的回答是，先让你的总工给我讲解工艺原理，然后再谈吃饭的问题。往往一介绍就是半天或一天，搞得客户有时也摸不到头脑，一个采购员怎么是这样，倒像是一个工程师。

公司规定，活性炭的采购周期是一个月，我早已通知负责报计划的品控部。品控部有一次忘了，这也正是我想敲打他们的时候，以往都是他们刁难我,便故意没去提醒。

到了差 4 天就要用完了的时候,我晃悠到品控部:"唉,看看你们的活性炭库存去。"

于是一阵慌乱。负责人来到我面前:"大哥,帮帮忙!"

我说:"这活性炭是上海某家国营企业供货,一向是预付款,所以我留出一个月的供货期。申请预付款还有一段时间,到现在你让我怎么办?"

负责人只能连连说:"请一定帮忙!"

我说:"这样吧,第一我试试看,靠我的面子能否让上海先发货,车运估计 3 天可以到货。另外,好像随设备到的一批活性炭还在仓库里?"

负责人回答:"是啊,可那些不能用,太细了,会漏炭。"

我说:"没错,以前会漏炭,现在不会了。因为据我所知,你们已经换了预涂层配方,所以现在不会漏炭了。"

负责人不由吃惊:"呦,你还真清楚我们的工作! 但是,一旦漏炭,那谁敢负这个责任?"

我说:"我知道你们报废的标准是滤纸上不能超过 8 个炭点。你不会先掺进去 1/4,没问题,再掺 1/2,慢慢来嘛!"

负责人回答:"现在也没别的办法了,就听你的。"

过了两天,负责人兴奋地过来说:"太好了,就用你的办法,现在我们百分之百用那些活性炭也没问题,而且效果更好。"

我就回答:"活性炭越细,表面积越大,当然吸附效果越好。"

经此一遭,诸位认为他以后还会在品控的环节上刁难我吗?

至于工程师那边,也是一样,譬如我负责采购进口润滑油,我把埃索 100 多个品种润滑油的性能都摸得滚瓜烂熟,便跟工程师说,任何一个地方不知道用什么油,告诉我那里的工况,我就能告诉你用什么油。

有一次，一个工程师过来考我："这次你肯定不知道这个是什么油，因为它是润滑空气的。"

我就问："这个空气从哪里来？"

对方回答："从空气压缩机里吹过油杯。"

我又问："吹向哪个方向？"

回答："吹到纸箱包装机的活塞上。"

我说："好了，这个油一定是无色的。"

工程师不由惊讶："是的。"

我说："这个油一定黏度很低。"

工程师更惊讶："没错。"

我说："我告诉你应该用什么油，40 号锭子油。"

工程师问我理由。我答道："第一，包装机用润滑油一定是无色的，因为要避免滴到包装箱上面造成污染。第二，这个油要能被风吹起来，一定是黏度很低。为什么要 40 号锭子油？锭子油是用来纺纱的，无色，滴到面纱上不会污染，而且 40 号的黏度很低，因为锭子的速度超过一千次每分钟。这个油不耐极压，活塞运动也不对油形成压力。"

总是以专家的角色指导他们工作，工程部对我的单子签字当然也就很快。

最后，财务部怎么办？

这也是采购最头疼的一个部门，程序或格式上的一点差错就会被打回来。经理私下也悄悄问过我是否请过财务部的人吃饭，为什么我的单子批得那么快？

我摇头："好像他们倒请我吃过饭。"其实，其中的技巧在于多沟通，无事也登三宝殿，常去财务部转转。大家混熟了，他们就告诉我：你的单子过来了，我们核对一下数字就 pass；你的经理的单子来了，对不起，我们挑毛病。看来,临时抱佛脚,就是不如平时多烧香。

　　总之,采购员就像足球队里的守门员,进球的时候没你的份,输的球全是从你这儿过去的。它不像销售,销量就是有地位。做采购员,要么就做到业内最好,要么就等着挨骂吧!

后　记

　　我不知道看到这个后记的读者会有多少，这是一本我在书店会拿起来翻看的书。虽然我很少看国内作者写的管理书，可如果偶然看到这本书，看过目录和主要章节后，我会选择把它带回家的。

　　真正写书时才知道自己属于小众，因为本人平时只对那些有突破性理论的书感兴趣。你如果能看到后记，说明你是我的同行人，像这样描述晦涩理论的书或许是没有市场的。我曾想以《帕金森定律》和《彼得原理》为模板，结果被编辑及时制止了。想来也是，老子的《道德经》现在全世界都在看，可当年老子还不是要靠借米才能过活。何况现在有百分之九十的管理理论都来自于美国。在一个刚刚向市场经济开放三十多年的国家里，能有什么管理理论？我曾有一个亲属由于患先天性心脏病而需要动手术，这种手术死亡率有 2%，当然要选最好的医院，于是选了北京阜外医院。我认识阜外的麻醉科长，他曾在美国待了 8 年，后来还是回国了。问他原因，他的回答是：美国哪有中国那么多案例？在中国一年中做的手术数量，可能是美国医生一辈子都没有做到的。中国开放这三十多年,基本上就是我参加工作的三十多年,这其中我经历的企业的多样性是在美国环境里所不能比拟的。能够近距离观察到国营、外资、民营企业的不同发展阶段是我的幸运。这期间除了短暂的两年美国留学,其他时间我都在零距离感受中国经济发展的脉动。我坚信,我们这一代人能够在管理理论上有所突破,发出中国的声音。

自从1993年见到我的恩师吴学谋教授,我就对如何把哲学方法论运用到处理事务上产生了很大的兴趣。20年过去了,出了这本书,可以死而无憾矣。本书借鉴生物进化论的方法来思考管理问题:企业本身就是一个生物圈,虽然无数管理前辈试图从设计的角度看待它。你可以设计职工的服装,却不可以设计肉体,即使可以规定高矮胖瘦,也不可以规定思想。除非是上帝,否则没人能够对一家企业的架构、未来进行蓝图式的设计。作为万物之灵的人类,也只能对建筑这类的物去规划物图一一对应的设计。

如果你认可我的想法,就应该去买一本或若干本此书,最好是签名版。我相信全世界搞管理的都会明白,企业正是像我说的那样,是"长"出来的,而不是设计出来的,管理界对底层生长模式的研究终有一天会超过对顶层设计的关注。

陈学南

2013年8月

图书在版编目（CIP）数据

你根本就不需要管理：让企业拥有自我成长的基因 /
陈学南著 . —杭州：浙江大学出版社，2014.3
ISBN 978-7-308-12798-1

Ⅰ. ①你… Ⅱ. ①陈… Ⅲ. ①企业管理
Ⅳ. ①F270

中国版本图书馆 CIP 数据核字（2014）第 013284 号

你根本就不需要管理：让企业拥有自我成长的基因

陈学南 著

策　　划	杭州蓝狮子文化创意有限公司
责任编辑	曲　静
文字编辑	姜井勇
出版发行	浙江大学出版社
	（杭州市天目山路 148 号　邮政编码 310007）
	（网址：http://www.zjupress.com）
排　　版	杭州中大图文设计有限公司
印　　刷	杭州钱江彩色印务有限公司
开　　本	710mm×1000mm　1/16
印　　张	14.5
字　　数	174 千
版印次	2014 年 3 月第 1 版　2014 年 3 月第 1 次印刷
书　　号	ISBN 978-7-308-12798-1
定　　价	32.00 元